Berthold Daun

Adam Krafft und seine Zeit

ein Beitrag zur Kunstgeschichte Nürnbergs

Berthold Daun

Adam Krafft und seine Zeit
ein Beitrag zur Kunstgeschichte Nürnbergs

ISBN/EAN: 9783743630413

Hergestellt in Europa, USA, Kanada, Australien, Japan

Cover: Foto ©Thomas Meinert / pixelio.de

Weitere Bücher finden Sie auf **www.hansebooks.com**

Viertes Kapitel.

Das reichste und mannigfaltigste Werk Adam Kraffts ist das berühmte Sakramentshäuschen in der Lorenzkirche zu Nürnberg, das immer ein schönes Denkmal der Spätgotik bleiben wird. Ehe wir zur Betrachtung dieses Meisterwerkes gehen, müssen einige Worte über die Entstehung der Sakramentshäuschen gesagt werden.

Die geweihte Hostie bewahrte man in den frühesten Zeiten in kleinen Gefäßen auf. In Gestalt einer Taube[1]) hingen sie, wenn nach alter Sitte der Altar von einem Tabernakel (Ciborium) bedeckt war, von demselben herab[2]) oder waren, wenn dieses fortfiel, an einer Säule aufgehängt. Einige standen auch in Form eines mit einem Fuße versehenen Türmchens, einem Kelche ähnlich, auf dem Altar. Im vierzehnten Jahrhundert fing man an, wohl der Sicherheit halber, die Hostie in einem mit eisernen Thüren versehenen Wandschrank nahe dem Altar zu verschließen[3]). Als besonders heilige Stelle wurde er mit reichen gotischen Verzierungen versehen, oder es wurde ein selbständiges, an der Wand oder einem Pfeiler lehnendes Sakramentshäuschen aufgebaut, das einen für die ganze Gemeinde sichtbaren reichen Schmuck erhielt[4]). Dies bot den Künstlern die willkommenste Gelegenheit, sich in den Regeln des künstlichen Turmbaues zu versuchen, und bald wuchsen turmartige, mit unzähligen architektonischen

---

[1]) Schon Tertullian spricht von einer Taube als Aufbewahrungsgefäß der Hostie (siehe Laib und Schwarz, Studien zur Geschichte des christlichen Alters).

[2]) Bis in das XIV. Jahrhundert hinein.

[3]) So der in der Sebalduskirche aus Stein bestehende Sakramentsschrank.

[4]) Nach Laib und Schwarz weist keine romanische Kirche ein turmartiges Sakramentshäuschen auf.

Gliederungen und Bildwerken geschmückte Tabernakel auf. In der zweiten Hälfte des fünfzehnten Jahrhunderts zogen sie sich, aus unendlich dünnen Steinrippen und zierlichen Strebepfeilern zusammengesetzt, bis zum Gewölbe der mächtigen Hallenkirchen hinauf. Ähnliche turmartige Verzierungen brachte man an Altären, Taufbecken, Kanzeldecken und Chorstühlen an [1]).

Die Blütezeit dieser gotischen Tabernakel, die um die Wende des fünfzehnten und sechszehnten Jahrhunderts oft in spielerische Formen ausarteten, hatte nur eine Dauer von etwa 150 Jahren gehabt. Dafür waren sie damals fast ausnahmslos üblich und selbst in den ärmsten und einfachsten Dorfkirchen meist in Stein gehauen. Ihr Standort ist auf der Nordseite am Chor oder am Triumphbogen zwischen Schiff und Chor (wie in Ulm). Mit dem Absterben der Gotik schwinden diese turmartigen Gehäuse.

Durch die gebogenen und verschlungenen Säulen entsteht scheinbar eine Verworrenheit, die jedoch bei sorgfältigerer Betrachtung in schönster Harmonie sich löst. In dem ganzen Aufbau könnte man sich das Allerheiligste Altarsakrament als mysterium fidei symbolisiert denken, als ein Geheimnis, das allem menschlichen Erkennen verschlossen bleibt und allein im Glauben an die Wahrheit erfaßt werden kann. Im göttlichen Glauben schwindet das Geheimnis, und die Wahrheit offenbart sich so licht und leicht wie das fein durchdachte, zum Himmel aufstrebende Tabernakel harmonisch von dem künstlerisch geübten Auge geschaut wird.

Der Stifter des Tabernakels [2]) war Hans Imhoff d. ä. [3]), und es

---

[1]) Der schöne Schalldeckel der Kanzel im Ulmer Münster von Syrlin d. j. (1510) zeigt diesen turmartigen Aufbau. Ebenso finden sich turmartige Verzierungen an dem berühmten Chorgestühl (1469—1474) daselbst von Syrlin d. ä. und an dem prachtvollen Dreisitz (1468) am Eingang des Chores von demselben Meister.

[2]) 63 Fuß 6 Zoll.

[3]) Hans Imhoff d. ä. (geb. 1419; gest. 1. Jan. 1499) war der Sohn Conrad Imhoffs (gest. 1499) und der Elisabeth Schatzin (gest. 1421). Er war Pfleger der Pfarrkirche von St. Lorenz und ging 1453 in den Rat. In der Pfarrkirche St. Sebald liegt er begraben. Aus erster Ehe mit Margarethe Reudung (gest. 158) stammt Peter Imhoff (geb. 1444; gest. 1528), der nach der testamentlichen Verordnung seines Bruders Conrad die Rochuskapelle erbaute. Aus zweiter Ehe mit Ursula Lemmlin (gest. 1494) stammt Hans Imhoff d. j. (geb. 1461; gest. 1522) und Conrad Imhoff (geb. 1463; gest. 1519), der eigentliche Stifter der Rochuskapelle (siehe Biedermann, Geschlechtsregister des Patriciats zu Nürnberg).

ging die Sage[1]), dessen Diener habe im Verdacht gestanden, einen goldenen Becher, der nach einem Gastmahl vermißt wurde, gestohlen zu haben, und sei deshalb zum Tode verurteilt. Später habe sich der vermißte Becher unter einem Bette gefunden, wohin ihn vielleicht ein Gast in seiner Trunkenheit gestellt hatte. Als Sühne habe dann Haus Imhoff das Weihbrotgehäuse gestiftet. Mag dieses Gerücht auf Wahrheit beruhen, oder mag Haus Imhoff aus Religiosität zur Stiftung des Tabernakels veranlaßt worden sein, er war der Stifter[2]). „Am pfintztag an sant marx tag des heiligen Evangelisten" im Jahre 1493 (Donnerstag den 25. April) schließt er mit Adam Krafft in Gegenwart der Zeugen Jörg Holtzschuher und Michel Lemmlin den Vertrag, dessen Urkunde sich noch im Besitze der Familie Imhoff befindet[3]).

Da Krafft eine Gesamtzeichnung von dem überaus reichen Kunst= werke vorher nicht anfertigen konnte, ist in der vorzüglich erhaltenen Vertragsurkunde, die ich wörtlich abgedruckt habe,[4]) genau aufge= zeichnet, wie kunstvoll Imhoff das Tabernakel verlangte; welche Summe (700 fl.) es höchstens kosten, und wann es in St. Lorenz vollendet dastehen sollte:

„Gott dem almechtigen zu lob und seinem allerheiligisten fron= leichnam auch seiner auserwelsten mutter Marie und dem heiligen himelfürsten und mertrer Sant Lorentzen zu eren ist ein abred und geding eines sacraments geheuß zumachen zwischen herren Hannsen Imhoff dem Elttern auff einem und maister Adam Chrafft pildhauer anders tails geschehen in stücken, wie hernach geschriben

---

[1]) Die Sage kommt schon zur Zeit Ludwigs des Bayern vor, nur wird statt des Bechers ein Armkleinod genannt (siehe Nürnb. Gedenkblatt, auch Müllners Annalen).

[2]) Falsch ist die Angabe des Pfarrers Hilpert in seiner Beschreibung der Kirche des hl. Laurentius (Nürnb. 1831. 4. p. 32), wonach Conrad Imhoff, Hans Im= hoffs Sohn aus zweiter Ehe, es vollenden ließ. Danach mochte Müllner verleitet sein, Conrad als Stifter anzugeben.

[3]) Dem Wohlwollen des Herrn Wilhelm Freiherr von Imhoff verdanke ich den Vertrag veröffentlichen zu dürfen.

[4]) Dem Geheimen Archivrat Herrn Dr. Friedländer, der mir beim Lesen des Vertrages wie der noch folgenden abgedruckten Quittung behülflich war, spreche ich hier noch besonders meinen ergebensten Dank aus. — Aus phonetischen Gründen habe ich für „w" und „v" immer „u" gesetzt und nur die Eigennamen mit großen Anfangsbuchstaben geschrieben. Die Interpunction habe ich nach den modernen Regeln hinzugesetzt.

ſtet. Zum erſten hat der obgenant meiſter Adam dem egenanten herren Hanuſen Imhoff verſprochen und zugeſagt, ein ſchon wol= gemacht kunſtlich und wercklich ſacrament hanß von ſtainwerck zu machen auff die viſirung ongeverlich von dem mer genanten maiſter Adam darzugeviſirt und gemacht. Nachdem aber derſelb maiſter Adam geſagt und zuerkennen geben hat, das nit wol an [ohne] groß mů viſirung gantz geleid; dem werck, wie das dann in allen materien getrengen zu den materien dienen mit aufzugen beclaidung derſelben gemacht mug werden, demſelben noch domit dannoch dem werck der mainung, ſo es durch den obgenanten herren Hanuſen Imhoff furgeben worden iſt, nichtzigt abgeprochen oder vergeſſen mug werden, iſt hernach auff das kurtzt verzaichent, in was mainung das ongeverlich gemacht werden ſoll. Zum erſten ſoll das ſten und gemacht werden an pfeiler neben Sant Lorentzen altar zu der rechten hant mit einem fuß wercklich, doch nit koſt= lich von arbeit, nach dem und er unter dem gang nit faſt ge= ſehen wurdt. Darnoch ſoll ein gangk mitten an dem fuß unnb denſelben fuß gemacht werden mit zwaien ſtigen auff den gangk dienent an yettlicher ſeitten des pfeilers eyne ongeverlich drey in vier ſtappfel hoch mit einem gelen gerings umbhin; welche ſtigen, ganck mit ſampt allen gelenen ſubtil wercklich außgegraben und vaſt [ſehr] wolgemacht, was dann an dem fuß uber den gangk gen wurdt, daſſelb nach dem umb es auch wolgeſehen wurdt auch wol wercklich und ſubtil gemacht werden ſol. Nachvolgend ſoll auff dem fuß das corpus des ſakramentshauß ſten, und darein drey eingeng auff yetlicher ſeitten eyner und vorn einer gemacht, domit das man auff yetlicher ſeitten zu dem heiligen ſacra= ment kumen auß und eintragen mag, und neben dem corpus auf der ein ſeytten Mariam und auff der andern der engel Gabriel, und ob dem corpus Got der Vatter in einem gewulcken mit ein= giſſung Got des Suns unter das hertz Marie. Nachvolgend auff dem corpus ſoll ein hubſche wolgemachte kuntliche patſchirung [1] und verſimpſung gemacht werden, und ob der patſchirung neben zu der rechten hant der abſchid und das urlaub nemen, das Got von ſeiner mutter Marie und Magdalene thet, als er das abent= eſſen thon wolt mit aufſſatzung des heiligen ſacraments mit einen getreng der jungern darzugepuren; neben demſelben vorn das abenteſſen, das Got mit ſeinen jungern thet; neben dem abent=

---

[1] patſchirung finde ich in keinem Wörterbuch   Vielleicht baſirung? (Deckplatte.)

essen zu der lincken hant, als Got an dem olberg pettet mit sampt
Petter Paulus und Johans, auch mit dem getreng der juden und
Judas, als er Got den fuß geben wolt; über dise drey materi
ein hubscher wolgemachter und wol geclaitter aufzug mit aller
zugehornng. Solchs corpus mit sampt allen materien, pilden,
aufzugen, capiteln und allen anderen stücken obgenant soll alles
auff das wercklichst kunstlichst und aller reinist gemacht werden,
wann es am meinsten den menschen in augen und angesehen
wurdt. Auff dem aufzug soll nachvolgend neben zu der rechten
hant die geislung unsers Herren sten mit zugehorenden possen der
juden; neben demselbigen vorn, als Pylatus Gott dem volck
untter dem fenster des gerichts hauß zeiget, sprechent: Ecce homo,
mit einem getreng der juden, die do schrien: creußig in, creußig
in; neben demselben zu der lincken hant, als Got von
Pylato zu dem todt verurteilt wardt mit einem zugepurenden ge=
treng. Solchs soll auch kunstlich und wol gemacht werden,
aber doch nit als subtilig, als das untter, wann es hoher sten
würdt und von den menschen nit als wol gesehen mag werden.
Nachvolgend soll ein freyer aufzug auff vier ort frey aufsgen,
und darein gemacht Got an dem creuz hangendt, Mariam auf
einer seitten und Johannem auff der andern mit sampt Mariam
Magdalenam an dem creuz umbfangen knyent. Nachvolgend mit
einem aufzug darzugepurendt und craischent wercklich und wolge=
macht vollent auf piß zuvolpringung des wercks. Und zu solchem
Werck soll der mer genant maister Adam stain bestellen und
nemen, wo im die in dreyen meylen ongeverlich umb Nuremberg
von dem mer genanten herren Haunsen Jmhoff angezaigt werden.
Auch soll der mer genant meister Adam an solchem werck stettigs
verpunden sein mit sein selbs leib zu arbeitten, und zusampt im
bestellen vier oder auff das mynst drey gesellen redlich und kunst=
lich zu solcher arbeit kummen, die auch stettigs daran arbeitten
und sich sunst keinß andern wercks oder arbeit untterwintten noch
daran machen. Nach dem aber der mer genant meister Adam
ander arbeit auch untterhanden hat und noch teglichs gewinnen
mag, zu solcher arbeit soll er ander gesellen haben, die solchs
machen also das die gesellen zu dem sacrament gehenß zumachen
bestelt sind, noch meister Adam nichtzigt [nichts?] an den selben
dingen machen oder arbeitten sollen, außgenommen meister Adam
mag den gesellen, zu der selben arbeit bestelt, alle tag wol ein

smnd langk ongeverlich untterrichtung geben, was und wie sye ein dingk machen sollen, und nit lenger, es geschech dann mit erlaubnuß des mer genanten herren Hannsen Imhoffs. Auch soll der mer genant meister Adam solchs sacrament geheuß auch den grundt an dem pfeiler, darauff das sacrament geheuß sten soll, nach aller notturfft machen und verforgen, alles von dem seinen allein was er von steinen zu solchem grundt bedurffen wurdt. Die selben stein soll ein herr Hanns Imhoff darzu auff sein koftung antwortten, und die übrigen koftungen soll alle auf den mer genanten maister Adam gen. Auch soll er nachvolgend solchs sacrament geheuß auffsetzen an die mer genanten stat zu Sant Lorentzen, und die pilder, materien, capiteln, aufzug alles mit epsen pinden auff sein aigen koftung nach aller notturfft verforgen und versehen. Dergleichen soll er alle gerust darzubedürffen auf sein koftung bestellen und auffrichten, allein soll im herr Hanns Imhoff darinn behulfflich sein gegen der stat paumaister, auch von Sant Lorentzen ob im was von holzpretter, sayl vnd zug zu solchem gerust notturfftig zu le[sien][1]) widerfaren mocht. Auch hat der vil genant maister Adam zugesagt, dem mer genanten herren Hannsen Imhoff solchs werck mit der hilff Gots in dreyen jaren den negsten nach dato diser verschreibnus zu volpringen ongeverlich, und von solchem werck soll der vil genant meister Adam nit mer macht haben, sur alle ding zu vordern dann sibenhundert gulden. Die selben sibenhundert gulden soll im der mer genant herr Hans Imhoff, wo er anders erkennen mag, das er solchs an dem mer genanten werck verdint hab, williglich geben; wo in aber gedeucht, solch sibenhundert gulden nit verdint het, und sich sunst mit einander nicht vereinen mochten, so mag yetliche parthei zwen man neben [!|[2]), und was die selben vier erkennen mugen, das er minder dann sibenhundert gulden verdint hab, als vil minder soll im gegeben werden. Wo sich aber die vier nicht vereinen mochten, so sollen die selben vier gut macht haben, einen obman zu nemen. Was dann unter den vieren mit sampt dem obman gemacht wurdt, im zu geben, das soll geschehen und dobei bleiben. Aber uber sibenhundert gulden soll im nicht gesprochen noch gegeben werden. Und des zu urkund so sind also zwen gleich lautent brieff ge-

---

[1]) Im Pergament ist hier eine schadhafte Stelle.

ſchriben worden und yetlicher parthey einer gegeben, und darzu
von dem mer genanten herren Hannſen Imhoff dem Elltteren und
maiſter Adam Krafft pildhauer gepetten die erbern und weiſen
Jorg Hol[l]tzſchuher und Michel Lemlin, das ſie ihre inſiegel auff
diſe bede brieff gedruckt haben, darnnter ſich bede parthey ver-
pinden, das alles wie oben geſchriben ſtet, ſtet und veſt zuhalten
getreulich und an alles geverdt, des wir obgenant Jorg Holtz-
ſchuher und Michel Lemlin alſo geſchehen bekennen, doch uns und
unſern erben an [ohne] ſchaden. Geben am pfintztag an ſant
Marrs tag des heiligen Evangeliſten, als man zelt nach Criſti
unſers liben Herren gepurt tauſend vierhundert und im dreyund-
neuntzigiſten jare [Donnerſtag den 25. April 1493|.“

Neudörffer giebt in ſeinen Nachrichten über Nürnberger
Künſtler 1500 als Jahr der Vollendung des Tabernakels an. Dies
nahmen bisher alle Kunſthiſtoriker auf Treu und Glauben hin und
waren der Meinung, daß, da Hans Imhoff d. ä. ſchon 1499 ſtarb,
er die Vollendung nicht überlebt habe, und daß ſein Sohn, dem
das Kunſtwerk ſo gefiel, dem Meiſter noch 70 fl. mehr ausgezahlt habe.

Eine Thätigkeit von ſieben Jahren am Sakramentshäuschen mußte
auffallen, da ſich doch der Meiſter verpflichtet hatte, das Werk in drei
Jahren zu vollenden. Auch wären dann alle anderen Skulpturen von
den Jahren 1496—1500 nur Geſellenarbeiten, an denen der Meiſter nur
wenig Antheil hätte. Die beigefügte, von Kraffts eigener Hand ge-
ſchriebene Quittung[1]), die ich im Beſitze des Freiherrn W. von Imhoff
vorfand, beſeitigt allen Irrtum. Der Wortlaut derſelben iſt, wie folgt:

---

[1]) Profeſſor Wanderer in ſeinem Buche „Adam Kraft und ſeine Schule“
folgt hierin der Meinung aller Kunſthiſtoriker, trotzdem er von der Quittung
Kenntnis hatte, denn er giebt an, Adam Krafft ſei in der Quittung nur „maiſter
adam“ genannt, was wieder ein Irrtum iſt. In der Überſchrift lieſt man deutlich „adam Kraft pildhauer“; natürlich wird zum zweiten Male der Name „Kraft“
fortgelaſſen. Daß man die Meiſter oft nur mit Vornamen benannte, findet man
zuweilen. Jedoch eine auf Krafft bezügliche Urkunde, in der nur von „maiſter
adam“ geſprochen wird, fand ich im Archiv nicht. Von der Urkunde vom
24. Sept. 1506 (Nürnberg, Stadtarchiv Conſ. 12 p. 30), von der noch die Rede
ſein wird, läßt ſich nicht nachweiſen, ob „maiſter adam“ Adam Krafft iſt. Der
Vorname Adam kam öfter vor. Eine Baurechnung der Frauenkirche von 1506/9
nennt einen „maiſter adam“. Dieſer iſt nicht Krafft, wie man fälſchlich annahm,
ſondern Adam Mertz, Steinmetz (ſiehe Baader Beitr. zur Kunſtgeſch. Nürnb. I.
p. 100).

Jesus maria 1493 Jar[1])

Nota hernach geschriben was ich meister adam Kraft[2]) pild=
hauer von Herren Hansen Im hofe wegen von petter Im hoff
auf das sacrament geheuß zu machen entpfangen hab mit meiner hant
hernach geschriben:

Item am eritag nach sant johanß tag [25. Juni][3]) vor der gulden
pfortten hab ich obgenanter meister adam enpfangen auf dy ob=
geschriben arbeit 40 gulden.

Item am freytag an sant abent[4]) hab ich aber entpfangen auf dy
obgeschryben arbeit 30 gulden.

Item am eritag nach sant Sebolte tag [20. August] hab ich aber
entpfangen auf dy obgeschriben arbeit 30 gulden.

Item am eritag nach sant ursula tag [22. October] hab ich aber
entpfangen auf dy obgeschriben arbeyt 40 gulden.

Item an sant barbra tag [4. December] 25 fl.

Item an sant sebastianß abent [19. Januar 1494][5]) 25 fl.

Item am donerstag vor sant petter stul feyer [20 Februar] 10 fl.

Item samstag vor judica [15. März] 10 fl.

Item am mitwoch vor ostern [26. März] 20 fl.

Item an sant bortolomeß abent [23. August] hab ich mit peter
Im hoff abgerechent daß er mir zu mer mall auf dy obgeschryben
arbeyt sider [seither] geben hat macht hundert gulden.

Item am palm abent [11. April 1495][6]) hab ich mit hanß Im
hoff abgerechnet daß er und seepock (?) mir zu merer mal geben haben
hundert gulden.

Item mer hat myr hanß Im hoff auf den tag geben 20 gulden.

Item am samstag vor unser frauen gepurt [5. September] hab
ich abgerechnet mit hanß Im hoff daß er myr zum merer mal hat
geben 95 gulden mer auf den tag 10 gulden.

Item an sant lucaß abent [17. October] hab ich vom hanß Im hoff
daß merer mal enpfangen 60 gulden.

am pfinstag [Donnerstag] nach symon und judaß [29. October]
hab ich enpfangen funf und funczyg gulden.

[1]) Die Quittung ist in derselben Schreibweise abgedruckt.
[2]) Es ist dies die einzige Stelle, wo Kraft nur mit einem f geschrieben wird.
Ich habe den Namen durchweg mit zwei ff geschrieben.
[3]) Ich nehme Johannes Bapt. an.
[4]) Offenbar ist der Heiligennahme vergessen; der Tag läßt sich deshalb nicht
bestimmen.
[5]) Dieser Tag muß in das folgende Jahr 1494 fallen.
[6]) Dieser Tag fällt in das darauf folgende Jahr 1495.

Item an sant barbra tag [4. December] hat mir hanß Im hoff geben hundert gulden vnd also aller ding mit einander schlecht sind.

Neben den letzten von Krafft geschriebenen Zeilen ist von Imhoff ausdrücklich bescheinigt:

Item auf sandt Barbare tag [4. December] im 95 jar hab (?) [oder hat] ich mit meyster adam abgemachet (?) [abgerechet] und aller ding zalt erstlich noch laut seiner verschreibunge (?) 700 gulden sind 770 gulden.

Diese Quittung meldet also, daß Adam Krafft den größten Teil des Geldes in Raten von Hans Imhoff, einen Teil von dessen Sohn Peter Imhoff ausbezahlt bekam, und daß er außer der im Vertrage festgesetzten Summe von 700 fl. noch 70 fl. als Ehrengeld erhielt.[1] Das Werk muß danach nahezu vollendet gewesen sein; kaum hätte auch Imhoff dem Meister 70 fl. mehr bewilligt, wenn das Werk nicht soweit aufgestellt gewesen wäre, daß er von dem An= blick desselben so befriedigt war. Das Tabernakel ist also spätestens Anfang 1496 vollendet, wie denn auf einer unter dem Abendmahl an= gebrachten Eisenplatte die Zahl 1496 zu lesen ist.[2] Diese Tafel wird gleichzeitig mit den drei Gitterthüren von kostbarer Schmiedearbeit, für die ein Meister Friedrich 20 fl. bekam, angefertigt sein. Außer den 770 fl. machte Hans Imhoff d. ä. am 17. März 1496 dem Weibe Adam Kraffts eine Schenkung in Gestalt eines Mantels, der 6 Gulden, 2 Schilling und 6 Heller kostete.[3]

Am Pfeiler zur Rechten des Hochaltars zieht sich das Meisterwerk turmartig bis zu einer Höhe von etwa 64 Fuß[4] hinauf und endigt, indem es der Wölbung der Decke folgt, in einer gebogenen Spitze, ähnlich einem Krummstabe. Man könnte sich denken, daß, wenn die Deckenwölbung entfernt würde, es wie eine Pflanze, vom Tau erquickt, dem Morgenlichte sich entgegenstrecken und so erst in seiner ganzen Größe erscheinen würde. Beim Anblick dieses Kunstwerkes überkommt den Beschauer ein Staunen, wie es möglich war, es aus Stein so leicht und zierlich aufzubauen, daß jedes Türmchen, die Kreuzblumen und das Rankenwerk aus Stein gewachsen zu sein scheinen.

---

[1] Die historischen Nachrichten von Nürnberg, Frankfurt und Leipzig 1707/8 p. 282 sagen richtig: Hans Imhoff hat mit Adam Krafft um 700 fl. gedinget, als ihm aber der Bau sehr gefallen, ihm noch 70 fl. dazu verehret.

[2] M. Mayer im Kunst= und Altertumsfreund nimmt fälschlich 1496—1500 als Arbeitszeit an.

[3] Diese beiden Nachrichten aus dem Geheimbüchlein Hans Imhoffs.

[4] 63 Fuß 6 Zoll.

Auf einem Sockel (Tafel IV. 1. 2) mit dem verlangten Umgange, den vier Stützen und die lebensgroßen Gestalten des Meisters und zweier Gesellen tragen, und den ein fein durchbrochenes gotisches Geländer mit den Wappen des Stifters und seiner beiden Frauen Margarethe Neuerding und Ursula Lemmlin und mit acht Heiligen an den Ecken, wie Laurentius, Sebaldus, Nikodemus, Leonhard, umschließt; ruht das eigentliche Cimborium mit drei großen, durch Gitter von schönster Schmiedearbeit verschlossenen Öffnungen. An den vordersten Ecken des Cimboriums erblickt man in den Gestalten der Maria und des Engels Gabriel, deren schöne Gewandung Bewunderung verdient, den englischen Gruß und an den beiden hinteren Ecken Moses mit der Gesetzestafel und Jacobus Minor. Über diese vier Gestalten wölben sich teils mit Türmchen, teils mit kleinen Heiligen geschmückte gotische Baldachine, die wie das ganze Werk in einer gebogenen Spitze endigen. Über der mittleren Thür schaut Gott Vater aus einem Gewölk herab. Über dem Weihbrotkasten sind drei herrliche Reliefs angebracht, vorn das Abendmahl und zu den Seiten der Ölberg und der Abschied Christi von seiner Mutter und Magdalena. Ein hervorragender Kranz von phantastischem Rankenwerk und Türmchen mit krönenden Kreuzblumen, die von technischer Seite betrachtet die größte Bewunderung verdienen und geradezu das Material, aus dem sie gemacht sind, verleugnen, leitet zu einem Aufzug aus dünnen Säulchen über. Darin sieht man in sauber ausgeführten Rundfiguren die Geißelung (Tafel V. 4), Christus vor dem Volke und die Verurteilung. Etwas tiefer ragen aus dem Schnörkelkranze neun Engel mit den Marterwerkzeugen heraus. Auf den Säulchen ruhen Türmchen und Spitzbogen, die zierliches Maßwerk tragen. Dadurch wird eine Art von Baldachin geschaffen, auf welchem sich der folgende Aufzug aufbaut. Christus hängt hier am Kreuze; Maria und Johannes schauen betend zu ihm empor, und Maria Magdalena kniet vor dem Kreuze.[1] An den Strebepfeilern dieses Aufzuges sind die vier Evangelisten angebracht. Als krönender Abschluß der Scenen aus der Leidensgeschichte ist im folgenden Aufzug, der sich so weit verengt hat, daß er nur für eine Gestalt Platz bietet, ein herrlicher Christus als Fürst des Lebens dargestellt. Immermehr verengt sich das turmartige Gebäude und wächst bis zur Wölbung der Stein=

---

[1] Rettberg in Nürnbergs Kunstleben ist geneigt die knieende weibliche Figur vor dem gekreuzigten Christus als die trauernde Kirche zu deuten. Mayer meint, es sei die Gemahlin des Stifters. Die Urkunde lehrt, daß Maria Magdalena dargestellt ist.

decke, wo es sich gleichsam unter deren Last beugen muß. Wir sehen also, daß Krafft das Tabernakel weit reicher ausgestattet hat, als er im Vertrage sich verpflichtet hatte.

Das Gehäuse ist verhältnismäßig gut erhalten. In den Jahren 1837—38 wurde es von dem Bildhauer Rotermund gründlich restauriert, und die fehlenden Teile wurden in Gips versetzt. In früheren Jahrhunderten ist es auch schon vielfach restauriert.[1]) Um den unteren Teil zu schützen, ist ein eisernes Gitter darumgezogen. So wird es lange unbeschädigt bleiben und Jahrhunderte überdauern, um für das Andenken seines Meisters zu sorgen. Daß das Tabernakel von Krafts Zeitgenossen hoch geschätzt und mit Enthusiasmus betrachtet wurde, davon giebt uns noch Kunde das Lobgedicht des lateinischen Dichters und ersten Lehrers der Dichtkunst am Nürnberger Gymnasium Helius Eobanus Hessus[2]), der die Ilias und die Psalmen ins Lateinische übertrug.

Wenn auch vom künstlerischen Gesichtspunkte aus der Phantasie die Zügel zu locker gelassen waren, daß einige wilde Sprünge nicht zu verkennen sind, so verstand es doch der Meister, sie wieder zu bändigen, daß sie sich nicht über das Maß der Schönheit hinauswagte. Das Stab= und Rankenwerk in den kühnen Formen wird, technisch betrachtet, immer Staunen hervorrufen, und man kann es wohl verstehen, daß jene Sage, Adam Krafft habe das Geheimnis gewußt, die Steine zu erweichen, ihnen die gewünschte Form zu geben und sie wieder zu erhärten, so lange Glauben fand.[3]) Eine genaue Untersuchung hat ergeben, daß das ganze Werk aus klarem, hartem gelblich=grauen

---

[1]) Nach Mayer liest man über dem nach Westen gerichteten Relief auf einer blechernen Tafel mit dem Imhoffschen Wappen: Ecce homo renovatum 1501, 1571, 1654, 1770. Wenn 1501 schon eine Restauration nötig war, konnte man schon zweifeln, daß das Werk erst vor einem Jahre vollendet sein sollte.

[2]) Urbs Norimberga, illustrata carmine Heroico per Helium Eobanum Hessum († 1540) anno MCXXXII.

[3]) Neudörffer erzählt es zuerst. Es heißt bei ihm: er ist berühmt gewest nnd hat sonderliche Erfahrung gehabt, die harten Steine zu mildern und zu gießen; er habe Formen gemacht, darein Leimen mit kleinen gestoßenen Steinlein vermischt, den darauf gebrennt und mit Steinfarb angestrichen, es sind aber an solchem Werkstück alle krummen Bogen inwendig hohl und mit eisernen Stangen eingelegt. Murr folgt hierin dem Neudörffer; er fügt hinzu, Krafft habe schon die Kunst gekannt, die der Neapolitaner Nicolaus Lione zu Rom anwandte, einer Masse von Sand und Thon Steinhärte zu geben. Roth schreibt dies getreulich nach.

Sandstein aus seinem Korn besteht. [1]) Durch die Ranken, die aus kleinen Stücken zusammengesetzt sind, gehen Eisenstäbchen; die durch die Steinteile gebildeten Zwischenräume sind fein mit Blei gefüllt, damit sie desto fester halten. Der größte Wert des Sakramentshäuschens liegt nach meinem Erachten in den drei Reliefs und den rundfigürlichen Darstellungen in den oberen Aufzügen!

Betrachten wir die Reliefs über dem Weihbrotkasten. Christus nimmt Abschied von seiner Mutter, der er nach der Tradition von seinem Schicksal erzählt hat (Tafel IV. 2). Schon will er fortgehen, da wirft sich die Mutter ihm zu Füßen und bittet ihn doch zu bleiben. Die Hand auf die Brust legend, macht er mit dem Haupte eine abwehrende Bewegung und geht. Maria Magdalena teilt ihren Schmerz einer anderen Frau mit. [2]) In dem durch Häuser, Türme und Landschaft gegebenen Hintergrunde nähern sich die Jünger. Das folgende Relief an der vorderen Seite enthält das Abendmahl.

2.

In den ältesten Abendmahlsdarstellungen der deutschen Schule sitzt Christus in der Mitte des Bildes hinter einem Tisch, der viereckig, rund oder länglich ist. Auf jeder Seite schließen sich die Jünger einer nach dem andern an, zuweilen gedrängt in zwei Reihen, in steifer Haltung ohne Handlung und Bewegung. Oft ist Judas kaum herauszufinden. Wenn die Apostel mit einem Heiligenschein versehen sind, so sitzt er ohne diesen da. Andere Bilder zeigen die Jünger beim Mahle. Einer führt den Becher zum Munde, ein anderer füllt sein Glas; aber immer noch stilles Beieinandersitzen, jeder mit sich beschäftigt oder höchstens dem Nebenmanne zugekehrt. Judas, der als Verräter nicht weiter gekennzeichnet ist, bekommt seinen Platz an der Vorderseite des Tisches, von den übrigen Aposteln etwas abgesondert, oder sitzt auf einem besonderen Stühlchen, dann meist im Profil. Allen diesen früheren Darstellungen ist gemein, daß Christus mit seinen Armen den geliebten Johannes umschlingt, oder dieser dicht neben ihm wie schlafend daliegt.

Im fünfzehnten Jahrhundert kommt eine Art Realismus hinzu. Man sieht eine Gesellschaft, die gut ißt und trinkt, und einer geht in den meisten Darstellungen mit der Kanne herum, um die leeren Gläser

---

[1]) In dem Vortrage heißt es ja auch: zu solchem werck soll er slain bestellen drei Meilen um Nürnberg.

[2]) Dieses Relief hat große Ähnlichkeit mit den gleichen Darstellungen Dürers im Marienleben und in der Holzschnittfolge der kleinen Passion.

zu füllen. Durch keinen zusammenfassenden Moment sind aber die Gestalten in der Handlung begriffen. Judas wird dadurch charakterisiert, daß sein Gesicht einen frechen Ausdruck annimmt, oder er zur Thüre hinausgeht oder den Beutel mit dem Gelde in der Hand hält. Eine glücklichere Auffassung des Abendmahls war die, daß Christus, nach= dem er die Worte: „Einer von Euch wird mich verraten" ausgesprochen hatte, den Bissen dem Verräter, der den Mund öffnet, darreicht. In dieser Weise faßt Krafft die Scene, nur daß Christus den Bissen in den Becher des Judas taucht, der eben trinken will. Da dem Evange= lium Johannis nach die Apostel außer Petrus und Johannes den Sinn des dargereichten Bissens nicht begreifen, vielmehr unter dem Eindruck der verhängnisvollen Worte stehen, wird in dem Augenblick die Bewegung Christi von den meisten nicht weiter beachtet.[1]

Die dramatischste und großartigste Abendmahlsdarstellung wird immer das Ölgemälde Lionardo da Vinci's im Refectorium des Klosters Santa Maria delle gracie in Mailand bleiben.[2] Heute sieht man nur noch einen matten Schein von Farben, und wir können nur mit Hilfe des kunstvollen Nachstiches von Morghen den grandiosen Eindruck ahnen, den das großartigste Werk des vielseitigen Künstlers ausübte. Den Eindruck, den die Worte Christi auf die Jünger machen, gleichsam als ob sie das Unglaublichste vernommen hätten, hat Lionardo dargestellt. Diesen Gedanken so zu fassen, darauf war noch kein Künstler gekommen. Die Abendmahlsdarstellungen Dürers in seinen Passionen wie die Holbeins haben dem Gedanken nach Lionardos Gemälde zum Vorbild.

Kehren wir zum Abendmahl Kraffts zurück. In einer ge= wölbten Stube, von der man durch zwei große Rundbogenöffnungen auf die ferne Landschaft sieht, hat Christus die Worte gesprochen. Einige Jünger sind darüber im Gespräch begriffen. Johannes liegt wie schlafend im Arme des Herrn. Der rechte Nachbar beteuert Christo seine Unschuld, während dieser, sein schmerzerfülltes Antlitz ein wenig zu ihm wendend, als ob er sagen wolle: „Leider ist es so", den Bissen dem ihm gegenübersitzenden Verräter in den Becher taucht.

---

[1] Das dem Dirck Bouts († 1475) zugeschriebene Abendmahl giebt als eins der frühesten eine bewegte Scene. Christus, in der linken Hand den Bissen haltend, hat eben die Worte ausgesprochen. In Deutschland bemüht sich Schongauer, Handlung in die Darstellung zu bringen.

[2] Von Stümpern wurde das Gemälde geglättet und übermalt. Die voll= ständige Verderbnis wurde durch die Überschwemmung von 1800 bewirkt.

Das bemerkt der Nachbar des Judas mit Entsetzen; einige sehen ver= wundert auf den Herrn, einer füllt unbekümmert den Becher, ein an= derer führt ihn zum Munde. Alle Köpfe haben portraithafte Züge. Die Landschaft tritt bescheidener zurück als beim Schreyerschen Grabmal.

3.

Das schönste Relief von den dreien ist der Ölberg[1]) (Tafel V. 1). Kaum kann mit größerer Tiefe der Empfindung der betende Christus dargestellt werden. Gläubig blickt er bei der herannahenden Gefahr zum Vater auf und erhebt die Hände zum Gebet in der einfachsten natürlichsten Haltung. Das Gewand fällt in großen einfachen Falten herab. Im Vordergrunde liegen die Apostel im tiefsten Schlaf. Ein Holzzaun, durch dessen Thor schon Judas mit dem Gefolge der Juden kommt, trennt den Garten Gethsemane von einer felsigen Landschaft mit Bäumen im Hintergrunde. Einer aus der Schar, noch außerhalb des Gartens, beugt sich über den Zaun vor, um Christus zu beob= achten.

Die drei Reliefs zeigen eine andere Gewandung als das Schreyersche Grabmal. An Stelle der unruhigen Falten, der scharfen Kanten und glatten Flächen in den Gewändern der Maria und Magdalena, herrscht hier ein größeres Streben nach Rundung. Die Figuren sind mit dicken Stoffen bekleidet, die weniger harte Falten schlagen. Dies tritt ebenfalls in den Heiligengestalten[2]) am Geländer des Umganges her= vor. Der Künstler hat das Kleinliche vermieden und den Ton auf die Gesamtwirkung, der sich alle Details unterordnen, gelegt.

Die Geißelung, Christus vor dem Volke, die Verurteilung, Christus am Kreuze und der auferstandene Heiland zeigen den Meister in seiner ganzen Größe. Man kann nicht genug die auf's Sorgfältigste aus= gearbeiteten Rundfiguren in ihren völlig freien und lebendigen Be= wegungen bewundern. Leider sind sie so hoch angebracht, daß unserem Auge viel verloren geht. Dafür sind sie aber vorzüg= lich erhalten. Eigentümlich sind die gotisch geschwungenen Engels= gestalten mit den niedlichen Lockenköpfen auf dem aus Ranken ge= bildeten Kranze. Sie kommen auf dem kleineren Herrgottshäuschen in der Dorfkirche zu Kalchreuth wieder vor.

---

[1]) Zu Neudörffers Zeiten mußte er besonders gefallen haben, denn dieser schreibt: „Dazu den schönen Ölberg" (siehe Campe).
[2]) Die 8 Figuren sind vielfach beschädigt und restauriert.

Fünftes Kapitel.

Das nächste datierte und noch erhaltene Werk ist das von Neudörffer[1] erwähnte Relief über dem Thore der Stadtwage, die wahrscheinlich von dem damaligen städtischen Baumeister Hans Behaim d. ä.
erbaut wurde (Tafel VIII. 3). Mit diesem Manne stand Krafft gewiß
in Verbindung und wird ihm noch manche Bildhauerarbeiten für Pri-
vatbauten geliefert haben. Doch davon soll noch später gesprochen
werden. Das Relief ist vom Jahre 1497[2], wie die Inschrift angiebt
Der Wagemeister schaut zu dem nach der linken Seite ausschlagenden
Zünglein der Wage hinauf, mit den Händen abwechselnd an den
Ketten beider Schalen ziehend, um so das fehlende Gewicht zu taxieren.
Ein Knecht will eben in die linke Schale, in der schon zwei Gewichte
stehen, noch ein Drittes stellen.[3] Bei der linken Schale, auf der ein
großer Ballen liegt, steht der Kaufherr, mit saurer Miene in den großen
Geldbeutel fassend, um die Ware zu bezahlen. Meisterhaft verstand
Krafft den Unwillen im Gesichte des Käufers, der viel zu zahlen hat,
wiederzugeben. Über dem Knechte ist das Wappen mit dem Jung-
frauenadler, über dem Kaufherrn das eigentliche Nürnberger Wappen
angebracht; über dem Wagemeister liest man auf einem Bande die
Inschrift „Dir als [d. h. wie] einem andern". Über dem Relief zieht
sich fein durchbrochenes gotisches Maßwerk hin. Gab der Künstler am
Sakramentshäuschen biblische Scenen im rechten Volkston wieder, so
bringt er hier in einfachster und natürlichster Weise ein Genremotiv aus
dem bürgerlichen Leben. Vorzüglich sind die Köpfe, Gewänder und
besonders die Ketten nachgebildet. Diese scheinen aus Eisen zu sein
und sich vom Grunde frei abzuheben. Wenn auch ein urkundlicher Be-
leg für die Urheberschaft Kraffts fehlt, so darf man nicht einen Augenblick daran zweifeln.

Das Relief St. Georg zu Pferde an dem Hause in der Theresien-
straße, das früher dem Hieronymus Paumgärtner gehörte, sei gleich

---

[1] 1497 hat er das in Stein gehauene Stück über der Thür an der alten
Waag gemacht (Campe). In der Lochnerschen Ausgabe wird das Werk nicht
aufgezählt.

[2] Nach Mayers kleiner Chronik (p. 154) soll die Frohnwage 1497 größer erbaut sein, was mit der Zahl auf dem Relief stimmt.

[3] Die Ansicht M. M. Mayers, daß der Knecht das Gewicht aus der Schale
hebt, scheint mir nicht gerechtfertigt zu sein.

2*

an dieser Stelle als Kraffts Arbeit angeführt[1]), weil es um diese Zeit entstanden sein mag (Tafel X. 2). Wenn der Rumpf des Pferdes zu lang und die Vorderfüße zu kurz geraten sind, so ist doch die Bewegung gut gelungen, und die Ritterfigur, die fest im Sattel sitzt, entschädigt für die Mängel in der Zeichnung des Pferdes. Leider ist in diesem Relief durch häufigen Anstrich die frühere Schärfe, die auf dem Relief der Wage noch zu bewundern ist, verloren gegangen. Die malerische Tendenz, die auf dem Schreyerschen Grabmal sich geltend machte, tritt wieder mehr hervor im Landschaftlichen.

2.

Der Meister erntete für das schöne Sakramentshäuschen den größten Ruhm, und bald mußte er für andere Kirchen ähnliche, wenn auch weniger großartige Tabernakel liefern. Aber nicht alle, die sich in der Umgebung Nürnbergs befinden und ihm zugewiesen werden, hat seine Hand verfertigt; einige sind von unbedeutenden Künstlern nach seinem Vorbilde gearbeitet.

Die größte Wahrscheinlichkeit, aus der Werkstatt Kraffts hervor= gegangen und zum teil von des Meisters Hand ausgeführt zu sein, hat das Sakramentshäuschen in der 1471 erbauten Dorfkirche zu Kalchreuth, drei Stunden nördlich von Nürnberg gelegen (Tafel IV. 6). Schon im vierzehnten Jahrhundert besaß die reiche Patrizierfamilie der Haller aus der Ulrichslinie das Dorf Kalchreuth mit den darumliegenden Feldern. Im folgenden Jahrhundert wurde es mit Schloß und Burg= stall freiwillig vom Kurfürst Friedrich von Brandenburg der Familie als Lehen übertragen.[2]) Nach der Kalchreuther Chronik stiftete Wolff Haller im Jahre 1498 der Kirche, die 1471 vergrößert war, einen

[1]) Neudörffer: Item an Herrn Hyronymus Paumgärtners Behausung an St. Aegidien=Gassen ein kleines Werkstück, den Ritter St. Georgen auf dem Pferde.

[2]) Nach Biedermanns Geschlechtsregister kauft 1342 Ulrich III. Haller († 1358) von den Burggrafen Johann und Albrecht zu Nürnberg das Dorf Kalchreuth, das im Besitze des Truchsessen von Wetzenhausen gewesen war, mit allem zu= gehörigen Feld, Holz und Wiesen für 1500 Pfund Heller. Sein Sohn Ulrich IV. († 1422), der ein großes Vermögen besaß und 1371 in den Nürnberger Rat kam, erbaut ein „Gotzhauß", das 1390 mit Ulrich erwähnt wird und von Heroldsburg aus bedient wurde (nach der Urkunde im Pfarrhause). Dessen Sohn Ulrich V. († 1454) bekam vom Kurfürst Friedrich v. Brandenburg den Burgstall, Schloß und Dorf zu Lehen.

Choraltar mit Holzschnitzereien nebst einem Sakramentshäuschen.¹) Dieser äußerst vermögende Mann wird, um zu Ehren Gottes die Kirche mit einem schönen Kunstwerk zu schmücken, wohl den tüchtigsten Bild= hauer Nürnbergs, das darf wohl ausgesprochen werden, mit der An= fertigung des Tabernakels betraut haben. Dies war Adam Krafft. Ihm gehört dieses Werk, wie wir sehen werden, aus stilistischen Gründen an.

Auf einem kunstvoll gearbeiteten Sockel, der wirklich tragendes Glied ist, ruht das durch Gitter verschlossene Gehäuse, das von vier schönen Statuen²) geschmückt und oben von einem Kranze aus ver= schlungenem Rankenwerk gekrönt ist. Aus diesem wachsen in der Mitte Säulen hervor, eine schöne Krönung der Maria tragend. Diese um= geben dünne Säulchen und Streben, die sich zu einem Baldachin ver= einen. Von hier steigt der turmartige Bau, in dem man Christus mit der Dornenkrone erblickt, bis zur Wölbung der Decke. Über der vorderen Thüre des Gehäuses sind zwei Engel angebracht; der eine hält das Tuch der Veronika, von dem andern weiß man nicht mehr, was er in den Händen hielt. Die Behauptung, Kraffts Kunstweise ließe sich in dem Tabernakel erkennen, rechtfertigen die noch vorhandenen Engel³) mit Marterwerkzeugen über dem Kranze, welchen der Meister dieselbe schöne geschwungene Haltung, Gewandung und freie Bewegung und dieselben niedlichen Lockenköpfchen wie am St. Lorenzwerke ge= geben hat. Vor allem aber entscheidet die schöne Krönung der Maria

---

¹) Nach der Chronik wurde an Stelle des alten Kirchleins 1471 (wie auch die Jahreszahl über der Kirchenthür angiebt) eine größere Kirche erbaut, dessen Chor Wolff Haller später mit herrlichen Fenstern und Grabsteinen ausschmücken ließ. 1498 läßt Wolff Haller „einen Choraltar mit einer herrlichen schönen Tafel und ein herrliches Sakramentsgehäuß machen" (siehe Verzeichnis der Stiftungen) und kauft 1502 vom päpstlichen Legaten Raimund zu Magdeburg einen Ablaßbrief. Die erhaltene, im Pfarrhause befindliche Urkunde meldet, daß dem „Lupo Haller civi Nürnbergensi" eine zweimalige Prozession für die St. Andreaskirche mit 100 tägigem Ablaß für die Besucher bewilligt wird. Die Mitteilungen aus den Urkunden verdanke ich der Freundlichkeit des Herrn Pfarrer Hoppscher.

²) Von drei besser erhaltenen Statuen läßt sich der hl. Rochus, der auf seine Wunde am Knie zeigt, erkennen; die zweite mag ein Heiliger; die dritte ein Bischof sein. Der hl. Rochus war aus Montpellier gebürtig und zeichnete sich durch aufopfernde Pflege von Pestkranken aus. 1327 starb er im Gefängnis, wo= hin man ihn aus Irrtum geworfen hatte. Infolge der Wunder, die sich bei seinem Tode ereignet haben sollen, wurde er heilig gesprochen.

³) Ein Engel, der entwendet war, wurde von der Mayerschen Kunsthandlung in Wien wieder zugeschickt.

(Tafel V. 5), welche sprechende Ähnlichkeit mit der Rebeck'schen in der Frauenkirche zeigt (Tafel VIII. 2). Maria hat den echten Typus der Krafft'schen Madonnen. Sie erhebt betend die Hände, indem sie von Gott Vater und Christus gekrönt wird. Über der Krone schwebt die Taube; zwei schwebende Engel breiten hinter der Gruppe ein Gewand aus.

3.

In den mächtigen gotischen Gewölben des Ulmer Münsters[1]), das Jahrhunderte hindurch schlafend wie eine verfallene Grabruine dalag, endlich aber um die Mitte unseres Jahrhunderts aus seinem Schlafe aufgerüttelt wurde und heute als höchster Dom der Welt[2]) an die Vergangenheit einer einst reichen und mächtigen mittelalterlichen Reichsstadt erinnert; lehnt am Pfeiler links vom Bogen, der das Schiff vom Chor trennt, ein turmartiges Sakramentshäuschen[3]), das fast um die Hälfte größer als das in St. Lorenz zu Nürnberg, diesem weder an Schönheit der Formen noch an technischer Vollendung irgend nachsteht (Tafel IV. 4). Das prächtige Tabernakel erreicht eine Höhe von neunzig Fuß und zeigt im Gegensatze zu jenem phantastisch erkünstelten Rankenwerk, jenem wilden Schnörkelwesen, jenen krausen, lockig gedrehten, oft unnatür-

---

[1]) 1337 wurde vom Bürgermeister Ludwig Krafft der Grundstein zum Bau gelegt (siehe Pressel, Ulm und sein Münster).

[2]) Der Turm ist 161 m, der des Kölner Domes 156 m und der St. Peter 138,7 m hoch.

[3]) Die Chronik Ulms giebt 1469 als Vollendungsjahr an. Haßler beweist durch eine aufgefundene Rechnung (es ist leider nicht angegeben, wo befindlich), daß schon im Jahre 1461 eine Stiftung zu dem Sakramentshäuschen gemacht wurde. Darin ist angegeben, daß am Montag vor Georg a. LXI Frau Engel Zähringerin dem Hans Nythart und Hans Hüß 11 Gulden für das Sakramentshaus in der Pfarre bringt. Hans Nythart läßt mit Andeutung der Frau das Geld zunächst anlegen, um Zinsen zu gewinnen, indem er dafür Ochsen und Leinewand kauft, die er zu günstiger Zeit wieder verkauft. Nach 1463 übergiebt Hans Nythart die weitere Verrechnung des Geldes seinen Söhnen Hans und Erasmus. Die Frau Engel Zähringerin war aber keineswegs die Stifterin des Tabernakels, denn am 10. März 1467 bestimmt Jodocus Klammer „an das sakramenthäwlin, so man bawet hie zu Ulme in unser lieben frowen pfarrkirchen" 30 fl. 1470 bekennt „Jenese Beckin, Fridel Hubers des Kirsners Wirttin, daß ihr Mann 30 fl. an das Sakramentshaus vermacht habe". Am 25. April 1473 vermacht Anna Haßlerin an das Sakramentshaus 2 fl. (diese Urkunde abgedruckt bei Bazing und Besenmayer: Urk. z. Gesch. d. Pfarrk. zu Ulm 1890). Obwohl die Chronik 1469 als Jahr der Vollendung des Tabernakels angiebt, wird man den Rechnungen nach dies nicht für glaubwürdig halten. Es mag einige Jahre später vollendet sein.

lichen Gebilden, worin die Zierkunst der Spätgotik um die Wende des fünfzehnten und sechszehnten Jahrhunderts geradezu schwelgt, strengere gotische Formen. Aus dem Weihbrotkasten, der auf drei Seiten durch Treppen mit kunstvoll durchbrochenen Geländern, deren Lehnen besonders reich an allegorischen Menschen= und Tiergestalten sind, von beiden Seiten zugänglich ist, wächst ein durch Figuren belebter Wald von Türmchen und Strebepfeilern hervor, die dreimal zu einem Kranze von Kreuzblumen vereinigt werden. Der Meister dieses Kunstbaues war nicht bekannt. Nachdem man früher Jörg Syrlin[1]), der um diese Zeit an dem berühmten Chorgestühl und Taufbecken im Münster gearbeitet haben muß, als Meister des Tabernakels angenommen hatte, riet man auf Adam Krafft[2]), ohne jedoch die stilistischen Eigentümlichkeiten beider Tabernakel mit kritischem Auge zu betrachten. Da in Ulm ein Büchsenmacher Ulrich Krafft, der vielleicht der Zeit nach der Vater unseres Adam sein könnte, lebte, galt es für sicher: Adam Krafft arbeitete in Ulm und ist der Meister des Tabernakels!

Beim ersten Anblick fällt die Vorliebe für ein ungemein feines Maßwerk, zierliche Baldachine und Kreuzblumen auf, die bis in die kleinsten Details in mathematischer Strenge meisterhaft vollendet sind und dem ganzen Bau ein architektonisch=ornamentales Gepräge geben. Während das Tabernakel Kraffts entschieden auf die plastische Ausschmückung durch Reliefs und Rundfiguren den Hauptaccent legt, treten hier die sparsam verwendeten plastischen Gestalten bescheiden zurück und haben mehr einen dekorativen Charakter, wie die Figuren an den Kirchenportalen, die nach Vollendung oft von anderer Hand den figürlichen Schmuck erhalten. Deshalb könnte man an einen Architekten und Baumeister, der die mittelalterlichen Dome mit Maßwerk und Streben ver=

---

[1]) Die Familie Syrlin (Säuerlein) stammt aus dem Kloster Söflingen, von wo ein Zimmermann Georg Syrlin 1427 als Bürger in Ulm genannt wird (s. Haßler, Ulms Kunstgeschichte im Mittelalter). Der Dreisitz von 1468 ist die vollkommenste Arbeit Jörg Syrlins. An dem Chorgestühl an den Wänden (1469 bis 1474) befindet sich das Bildnis des Meisters. Er erhielt 1188 fl. (s. Münsterrechnungen der Ulmer Stadtbibliothek u. Bazing und Vesenmayers abgedruckte Urkunden. p. 104).

[2]) Grüneisen und Mauch in: „Kunstleben Ulms im Mittelalter" schließen wegen der wesentlichen Ähnlichkeit in der Construction mit dem Sakramentshäuschen in Nürnberg auf Adam Krafft, um so mehr, da dieser um diese Zeit in Nürnberg bisher nicht urkundlich nachgewiesen werden konnte. Wie schon bemerkt war, kann bis heute eine Beziehung Adam Kraffts zu Ulm und zum Bau des Münsters nicht nachgewiesen werden.

ziert und die Façaden entwirft, als den Schöpfer des Ulmer Sakra=
mentshäuschens denken. Ein Adam Krafft, wie wir ihn kennen, hätte
sicher so nicht gebaut. Gegen ihn sprechen auch besonders die ange=
brachten Figuren, die sowohl in der Gewandung, welche auf einen vor=
wiegend in Holz arbeitenden Künstler deuten könnte, wie in der Be=
handlung der Köpfe einen völlig anderen Charakter haben. Man sehe
sich darauf hin einmal die Gestalten am Geländer an (Tafel V. 9, 10).

In der erwähnten Privatrechnung des Patriziers Nythart will
Haßler beim Jahre 1462 die Erwähnung eines „maister von Wyn=
garten" gefunden haben, der mit der Verfertigung des Werkes beauf=
tragt war und für eine zweimalige Herreise 7 fl. erhielt. Leider giebt
Haßler den Wortlaut dieser wichtigen Stelle nicht an, noch nennt er
den Ort, wo sich die Rechnung befindet, so daß seine Behauptung nicht
geprüft werden kann.

Vielleicht ließe sich nach einer Urkunde in den Ulmer Hüttenbüchern,
nach welcher 1468 der Pfleger Mang Krafft, Konrad Bitterlin und
Thomas Wirttemberg mit „meister Jörgen" von wegen der Bildwerke
(3 großer und 10 kleiner) übereinkommen und ihm darum 32 fl. geben
wollen,[1] Jörg Syrlin d. ä., dessen Gestalten solches Gepräge besitzen,
und dem man schon immer den ganzen Kunstbau zuzuschreiben
geneigt war, als Bildhauer und Schöpfer der Figuren vermuten;
während der Architekt und Schöpfer des Tabernakels der erwähnte
Meister von Wyngarten ist, wenn Haßlers Behauptung auf Wahrheit
beruht. Immerhin mögen unter den in der Urkunde erwähnten Bild=
werken andere als die am Tabernakel gemeint sein, und auch mag dieser
„meister Jörg" ein anderer als Syrlin sein. Darüber scheint mir aber
kein Zweifel zu herrschen, daß das Werk aus der schwäbischen Schule
stammt. Mit Adam Krafft hat es aber nichts zu thun; höchstens, daß
er es, bevor er sein Tabernakel entwarf, gesehen hat. Aber darum
muß man ihn noch nicht aus der Schule Ulms hervorgehen lassen
wollen.

Sechstes Kapitel.

Vielleicht aus der Werkstatt Adam Kraffts, jedenfalls sicher von
seinen Gesellen und nach seinen Entwürfen, ist in vereinfachten Formen

---

[1] 1469 ist Meister Jörgen bezahlt worden.

das Tabernakel in der berühmten alten Klosterkirche zu Heilsbronn,[1] welche die Gruft der Nürnberger Burggrafen von Hohenzollern ist, unter dem Abte Sebald Bamberger errichtet.[2] (Tafel IV. 5). Wie es heute dasteht, ist es vielfach beschädigt und unvollständig; einige Figuren fehlen am Weihbrotgehäuse, und alle zierenden Streben, Kreuzblumen und Raukenwerk sind abgefallen. Im Jahre 1770 wurden die Skulpturen übermörtelt und erst 1860 von der schimpflichen Verunstaltung befreit. Der Kranz über den Reliefs hat dieselbe Anordnung und Verzierung, wie wir ihn in St. Lorenz sehen, und die Spuren der abgebrochenen Rauken beweisen, daß ein ähnliches Schnörkelwerk angebracht war; auch die kleinen Baldachine mit den abgebrochenen Spitzen über den Figuren lassen noch deutlich die Krümmung erkennen. Das Maßwerk über den Gitterthüren hat sehr ähnliche Formen; auch der durchbrochene Fries unter den Reliefs fehlt nicht. Diese lassen entschieden die Gesellenhände erkennen. Die Geißelung rechts zeigt häßliche Figuren. In der Darstellung Christi vor dem Volke, worin man jede Bewegung und jedes seelische

---

[1] Kloster Heilsbronn, nach einer dort befindlichen Mineralquelle benannt, liegt an der Straße, die von Nürnberg nach Ansbach führt. Schon 1132 stiftete der hl. Otto, Bischof von Bamberg, der Bekehrer der Pommern, das Kloster Heilsbronn, dessen romanisch-basilikale Klosterkirche, aus einem Hauptschiff, zwei Nebenschiffen und einem Kreuzschiff bestehend, schon im selben Jahre fertig war, aber erst 1149 oder 1150 vom Bischof Burkhardt von Eichstädt geweiht wurde. 1141 wurde das Kloster auf päpstliche Verordnung dem Cistercienser-Orden einverleibt. Die junge Stiftung hatten die Grafen von Abenberg, von denen besonders Rapato und Conrad Erwähnung verdienen, mit reichen Gütern ausgestattet. Dann ging die Schirmvogtei auf die Hohenzollern über, die mit diesem edlen Geschlechte verwandt waren. 1263—1282 wurde der gotische Chor hinzugefügt. Die Erweiterung der Ritterkapelle, wo die Grabmale der Burggrafen aufgerichtet sind, gehört in das 14. Jahrhundert. 1418—1435 wird vom Abte Arnold das südliche Seitenschiff um das Doppelte erweitert. 1427—1431 ist der im Verhältnis zur großen Kirche zu kleine Turm von einem Meister Hans aus Nürnberg erbaut (die Cistercienserkirchen zeichnen sich besonders dadurch aus, daß die Türme meist bis auf einen Dachreiter [wie hier] wegfallen. Im übrigen wird Einfachheit und strenge Durchführung der architektonischen Glieder erstrebt). Im 18. Jahrhundert wurde die Kirche restauriert; mit einer zweiten Restauration war man 1866 fertig.

[2] Abt Sebald Bamberger (1498—1518) sorgte besonders für den Schmuck der Kirche, ließ viele Holzschnitzwerke anfertigen und wahrscheinlich an Stelle eines 1443 gestifteten Sakramentshäuschens, wie die Rechnungsbücher ergeben, das gegenwärtige erbauen. Leider schweigen die Rechnungen gänzlich über den Bau des zweiten Tabernakels (siehe Stillfried: Kloster Heilsbronn, und Muck: Geschichte des Klosters Heilsbronn).

Empfinden vermißt, macht sich ein großer Mangel in den Pro=
portionen der menschlichen Gliedmaßen bemerkbar. Hierin die Hand
des Meisters erkennen zu wollen, ist unmöglich! Die Dornen=
krönung auf dem mittleren Relief ist besser gelungen. Der Heiland mit der
Dornenkrone hat etwas von dem leidenden Christus der Krafftschen
Stationen. Noch besser ist oben der Christus am Kreuz, sowie
die vorhandenen Figuren am Gehäuse, von denen die Maria in
schöner, einfacher Gewandung auf Krafft deuten könnte. Unter der
Gitterthür vorn erkennt man 155; leider kann man infolge einer
Beschädigung die vorletzte Ziffer nicht erkennen. Es ließe sich vielleicht
1505[1] lesen, wenn die Zahlen übrigens nicht später eingekratzt sind.
Auf alle Fälle hängt das Tabernakel mit Krafft zusammen. Ob es
jedoch noch zu seinen Lebzeiten in seiner Werkstatt gemeißelt wurde,
oder erst nach seinem Tode von seinen Gesellen, wer kann es ohne
urkundlichen Nachweis, der bis heute fehlt, entscheiden?

Sieben Zeichnungen auf Pergament, die ich im Kupferstichkabinet
der Münchener Pinakothek vorfand, scheinen etwas weiter zu führen.
Auf der einen ist Christus dargestellt, wie er von zwei Knechten ge=
geißelt wird. (Tafel IX 3). Die Stellung der vier Säulen davor,
die Spitzbogen darüber mit dem Maßwerk, die Türmchen mit den
Kreuzblumen erinnern sofort an das Sakramentshäuschen in St. Lorenz.
Und nun Christus selber! Ist er nicht der Krafftsche Christus, wie wir
ihn in den Stationen und im Schreyerschen Grabmal kennen, trägt
sein Antlitz nicht etwas von den schmerzlichen, wehmütigen Zügen
dessen auf der dritten Station?[2] (Tafel VI. 3). Welche typische
Ähnlichkeit hat das Antlitz auf der Zeichnung mit dem Auferstehungs=
christus des Schreyerschen Grabmals! Dort dieselben gescheitelten
Haare, die zu beiden Seiten herabfallend, den Kopf einrahmen; auch
dieselbe Andeutung des Backenbartes, ja selbst des Barthaares zur
Seite des Mundes. Außerdem hat die Zeichnung Ähnlichkeit mit der
Geißelung des Tabernakels in St. Lorenz.

Ebenso stark erinnert an Krafft das zweite Blatt mit dem Ent=
wurfe zum eigentlichen Gehäuse eines Tabernakels (Tafel IX. 4). Die
Füße der Pfeiler zur Seite des Gitters, die sechsteiligen Baldachine
über den Figuren sind den gleichen Teilen am Lorenzer Sakraments=
haus sehr ähnlich. Die Consolen, auf denen die Figuren stehen, sind

---

[1] Vielleicht auch 1515.
[2] Leider sind die edlen Züge auf der Copie verloren gegangen.

faſt ebenſo gezeichnet; derſelbe dreigeteilte Spitzbogen mit gleichem
Blumenwerk kehrt über dem Gitter wieder, das hier andere Muſter
zeigt. Aus dieſen Gründen kann es nicht zu gewagt erſcheinen, die
beiden Blätter Adam Krafft zuzuſchreiben. Und gehören ſie ihm an,
ſo gilt dasſelbe von dem dritten Blatte mit dem Entwurfe zum Sockel
eines Tabernakels, da ſie alle von einer Hand gezeichnet ſind
(Tafel IX. 5). Dieſes Blatt iſt der Entwurf zum Sockel des Heils=
bronner Tabernakels! Alles iſt in Stein ſo ausgeführt, wie die Zeich=
nung angiebt; nur hier und da iſt abgewichen worden. Dadurch ge=
winnt die Annahme, daß dieſes Tabernakel aus ſtiliſtiſchen Gründen
mit Krafft zuſammenhänge, größere Gewißheit.

Von den übrigen Zeichnungen geben zwei turmartige Entwürfe,
die beiden anderen architektoniſche Aufriſſe für eine Kirche. Danach
möchte man vermuten, daß Krafft auch als Architekt thätig war, und
Neudörffers Angabe, er habe für die Frauenkirche das Maßwerk ge=
liefert, was angezweifelt wurde, bekäme mehr Glaubwürdigkeit.

2.

Weniger, vielleicht gar nicht, läßt ſich die Hand des Meiſters in
dem fünfzig Fuß hohem Gehäuſe in der Martinskirche zu Schwabach [1]
(ſüdlich von Nürnberg) erkennen, obwohl es der Tradition nach, die
von mehreren Kunſtkennern bekräftigt wurde, unter den Werken Krafſts
angeführt wird [2]· Jede urkundliche Nachricht fehlt; wenn ein Ver=
trag exiſtiert haben ſoll, der ſchon lange verſchwunden iſt, ſo iſt das
doch ſehr fraglich. Nach dem am Fuße des Tabernakels befindlichen
Wappen der Roſenberger, die viel für den Kirchenornat anwandten,
zu ſchließen, muß es eine Stiftung eines Gliedes dieſer Familie [3] ſein,
und wie die Jahreszahl unter dem mittleren Relief des Gehäuſes an=
giebt, war es im Jahre 1505 vollendet. Dieſes bequeme Datum und
die Nachricht Neudörffers, Krafft ſei im Spital zu Schwabach 1507

---

[1] Nach der Chronicon Suabacense von Heinr. v. Falkenſtein 1740, p. 32,
wurde der Grundſtein zur Kirche 1480 gelegt; nach Wolfgang Petzolds Chronik
der Stadt Schwabach (1854) wird der Grundſtein zur Kirche 1469, der zum Turm
1471 gelegt. 1495 wird ſie vom Biſchof Wilhelm von Eichſtedt, in deſſen Sprengel
damals Schwabach lag, geweiht.

[2] ſ. Schorrſches Kunſtblatt 1853 Nr. 53. Doppelmayer führt es nicht unter
Krafſts Werken auf, wie behauptet wird.

[3] Das Wappen des Münzmeiſters Hans Roſenberger (1510 geſtorben) und
ſeiner Gemahlin, Dorothea Keßlinger, Kanzlerstochter von Bamberg. Hans Roſen=
berger ſtiftete auch der Kirche einen Altar.

gestorben, mögen verleitet haben, es zu den sicheren und unumstößlichen Werken Kraffts zu zählen. Auch wollten einige in der vordersten mit einer Kappe bedeckten Gestalt am Sockel, deren Kopf in der elendesten Verrenkung und unmöglichsten Haltung zurückgebogen ist, die Züge des Meisters erkennen! Das ist eben eine Ansicht, die zu nichts führt[1]). In dem Friese, der sich unter dem Kasten hinzieht, sind un= zusammenhängend Daniel in der Löwengrube, eine Sonne, ein Mond, das Tuch der Veronika und ein Adler, seine Jungen fütternd, das letztere ziemlich schlecht dargestellt. Zu den Seiten der Gitter und der Reliefs stehen Heilige und Engel, die teilweise gleiches Aussehen haben und aus dem Rahmen der Krafftschen Typen herausfallen[2]). Die schwebenden Engel mit dem Tuch der Veronika sind steif in das vorderste Relief hineinkomponiert, und auch die beiden anderen Reliefs zeigen mäßige Figuren. Die drei Gruppen weiter oben, die heilige Anna Selbdritt, die Krönung Mariä und die Beweinung haben andere Formen als die Gestalten in den bekannten Darstellungen des Meisters. Wenn man sich trotzdem an Krafft festklammern und das Werk seiner Werkstatt zuweisen will[3]), nun, so hat Schwabach doch immer nur eine mäßige Gesellenarbeit[4]). Das läßt sich nicht hinwegleugnen.

3.

Man ist zu leicht geneigt, die Sakramentshäuser in der Umgebung Nürnbergs, wenn sie nur einen pyramidalen Aufbau und ähnliche An= ordnung der Zierformen haben, als Werke Krafft anzugeben, ohne jedoch zu bedenken, daß in Nürnberg noch viele andere Bildhauer, darunter sehr tüchtige, thätig waren, von denen Neudörffer eine Menge erwähnt, deren Werke er aber nicht aufführt. Nochmals sei darauf hingewiesen, daß die unzähligen Herrgottshäuser der entwickelten Gotik fast durchweg diese Form haben, zu deren Verbreitung die Vorbilder in Ulm und Nürnberg beigetragen haben. Auch das Sakraments= häuschen in Jebenhausen[5]) in Schwaben, dessen Reichtum zu der über=

---

[1]) F. C. Martini (rechtsk. Bürgermeister) im Schorrschen Kunstblatt 1853 will das Portrait Krafft in dem 40 Fuß hohen in einer Säulenhalle angebrachten Brustbild (1½ Fuß groß) eines betagten Mannes sehen!

[2]) Der Heilige auf der linken Seite des Kastens mit dem pausbackenen kind= lichen Gesicht hat mit den Figuren Krafft nichts gemein. Auf der anderen Seite ist Johannis der Täufer dargestellt.

[3]) Wanderer schreibt es dem Krafft auch noch zu.

[4]) Ein breiter Träger aus Stein in der Mitte des Tabernakels stört ungemein.

[5]) Abgebildet bei Laib und Schwarz Taf. 14, 1.

aus einfachen Dorfkirche in keinem Verhältnis steht, zeigt in einander verschlungenes Rankenwerk. In den manierierten und rohen Formen des Gehäuses zu Katz= wang unweit von Schwabach, läßt sich das Gepräge Krafft'scher Arbeit nicht erkennen[1]. Die umgerollte Spitze, die keinen genügenden Ab= schluß bildet und ganz widersinnig von einer Fiale unterstützt wird, verliert jede symbolische Bedeutung und wird zur blassen Spielerei. Das Rankenwerk ist herabgefallen, und die noch vorhandenen Engel, die ziemlich roh behandelt sind, lassen die schönen geschwungenen Linien wie in der Lorenzkirche oder in Kalchreuth vermissen. Auf den drei Reliefs sieht man Christus und die klagenden Frauen, die Gefangen= nahme in stürmischer Bewegung und vorn Christus am Ölberg betend dargestellt. Nichts darin von Krafft! Die unter dem Kreuze betende Maria ist besser gelungen und deshalb hervorzuheben. Das ganze Tabernakel ist mit weißer Tünche überschmiert, so daß der Ausdruck in den Gesichtern meist unkenntlich ist.

Wanderer und nach ihm Bode wollen in dem außen an der Kirche befindlichen Ölberg dieselbe Hand erkennen, die das Sakraments= häuschen anfertigte. Mag dies sein. Bode hebt noch besonders her= vor, daß der genannte Ölberg durch seine Anordnung und namentlich durch die sehr individuelle ausdrucksvolle Gestalt Christi zu den besten dieser Art in Deutschland gehöre. Die Gestalt Christi, leider schlecht erhalten, zeichnet sich durch schöne Gewandung und Haltung aus; besser noch ist die Gestalt Christi auf dem noch zu besprechenden Harsdörfer'schen Ölberg von Adam Krafft.

Das einfache und übertünchte Gehäuse zu Ottensoos[2] bei Nürn= berg fällt ganz aus der Reihe der Krafft'schen Arbeiten heraus. Der= artige Tabernakel mögen noch viel in Franken und Schwaben zu finden sein. Wollte man darin etwas von Krafft verspüren, so wäre das nichts anderes, als ob man einem Baumeister alle einschiffigen Kirchen, einem einzigen Holzschnitzer alle aufklappbaren Altäre zu= schreiben wollte.

Das gut erhaltene Tabernakel[3] in der Stadtkirche zu Fürth hat ebenfalls mit Kraffts Arbeitsweise nicht das geringste zu thun. Die Christus anbetende männliche Figur (Joseph) und die zur Seite

---

[1] Weil Wanderer es Krafft'schen Gehilfen zuweisen möchte, muß es hier be- sprochen werden.

[2] Aus roherem Stein.

[3] Jetzt mit Ölfarbe überstrichen.

darunter befindliche fallen durch steife Haltung, zu großen Kopf und perrückenartig dickes Haar auf. Wenn die beiden schönen Apostel in prächtiger Gewandung auf der rechten Seite des Ciboriums, welche die auffallendste Ähnlichkeit mit den vorzüglichen Eckgestalten am Se= baldusgrabe von Peter Vischer[1]) haben, ja fast treue Copien sind, nicht später an die Stelle früherer Figuren gesetzt sind, so ist das Ta= bernakel erst entstanden, als die Formensprache der italienischen Renaissance bereits in Deutschland eingedrungen war, und ihr mäch= tiger Einfluß sich in Kunst und Litteratur überall geltend machte. Da das Sebaldusgrab erst im Jahre 1519[2]) fertig war, wie uns Vischer selbst durch eine Inschrift am Sockel belehrt, wäre das Tabernakel nach dieser Zeit entstanden. Damals war Krafft etwa zwölf Jahre tot.

4.

In Donauwörth begegnete ich wiederholt der Meinung, daß das Tabernakel in der katholischen Pfarrkirche vom Jahre 1503 von Adam Krafft verfertigt sei. Dieser Annahme, welche dadurch Wahrscheinlich= keit erhält, daß Krafft im Jahre 1500 für die eine Stunde entfernte berühmte Klosterkirche zu Kaisheim ein solches geliefert hat, muß widersprochen werden. Besonders unterscheidet sich das Donauwörther Tabernakel von den besprochenen Sakramentshäusern Kraffts durch den schlanken Aufbau und die bestimmt von einander getrennten archi= tektonischen Gliederungen, die dem Bau etwas ungemein Leichtes geben. Die Spitze ist leicht gebeugt. Die schlanken leichten Verhältnisse herrschen auch in den Figuren auf den an der Wand hinter dem Sockel befindlichen Reliefs[3]) vor. Die Gestalt des schlafenden Stifters im Pilgergewand unter der steinernen Treppe ist in schöner edler Haltung gelungen, und der Kopf mit seinen Portraitzügen ist sorgfältig durch= geführt, wie denn das ganze Gehäuse einen durchaus befriedigenden Eindruck macht. Aber deshalb ist es noch kein Werk Kraffts. Am

---

[1]) Der in dem Buche lesende Apostel mit kahlem Schädel ist Judas Taddeus, der mit dem Schwerte Paulus. Sonderbar ist es, daß die anderen Figuren be= deutend schlechter sind.

[2]) Am 19. Juli 1519 wurde es in St. Sebald aufgerichtet.

[3]) Auf den Reliefs mit den Wappen des Stifters Georg Regel und seiner Gemahlin Barbara Laugingerin sind die Begegnung Abrahams mit Melchisedek und die Mannahlese dargestellt. Die Säume der Gewänder zeigen noch Spuren von Goldbemalung.

Sockel befinden sich mehrere Steinmetzzeichen, ein Beweis, daß viele
Hände daran thätig waren. Die unübertroffenen Vorbilder in Ulm und Nürnberg wurden
von den Baumeistern besonders studiert. So wissen wir, daß im
Jahre 1511 der geschickte Baumeister Stephan Weyer[1]) aus Nördlingen
nach Ulm, Augsburg und anderen Orten wegen eines Musters für
ein geplantes Tabernakel[2]) in der St. Georgskirche zu Nördlingen
reiste. Wahrscheinlich wurde die architektonische Arbeit von ihm selbst
oder jedenfalls nach seinen Entwürfen ausgeführt, während der Bild=
hauer Ulrich Creitz[3]) den figürlichen Schmuck übernahm. Im Jahre
1525 soll der Bau vollendet gewesen sein.[4]) Den säulenartigen Fuß,
an dem ein Steinmetzzeichen eingehauen ist, schmücken vier würdige
Prophetengestalten, während die wassersüchtigen Köpfe der Engel am
Weihbrotkasten zu groß geraten sind.

Siebentes Kapitel.

Die fest datierten und beglaubigten Werke müssen weiter betrachtet
werden. Neudörffer berichtet, Adam Krafft habe „den schönen Ölberg
auf dem Kirchhof in der Carthausen[5]) von Stein gemacht, welchen
Peter Harsdörfer hat aufrichten lassen". Die Familiennachrichten der
Harsdörfer bestätigen, daß Peter Harsdörfer III. im Jahre 1499 diesen
aus Freifiguren bestehenden Ölberg gestiftet habe,[6]) jedoch ist nicht an=
gegeben, wem er den Auftrag übergeben habe. Da Neudörffer sogar
den Stifter richtig anzugeben wußte, muß man seiner Angabe in Be=
treff des Künstlers ebenfalls Glauben schenken, um so mehr, da die

---

[1]) Nach dessen Entwürfen wurden 1495—1505 die kostbaren Deckengewölbe
der St. Georgskirche zu Nördlingen gebaut.

[2]) Seit 1511 sind die Sandsteine dazu aus Rotenburg a. d. Tauber geholt
(f. hierüber Fiorillo, Gesch. d. zeichnenden Künste in Deutschland. p. 335/336.)

[3]) Aus einer Urkunde geht hervor, daß Ulrich Creitz den Accord wegen der
Bildwerke geschlossen und dafür 55 fl. erhalten habe.

[4]) Fiorillo giebt an, daß auf der steinernen Doppeltreppe, die zum Weihbrot=
kasten führte, jetzt aber nicht mehr vorhanden ist, die Jahreszahl 1525 zu lesen war.

[5]) Von Marquard Mendel mit Erlaubnis des Rates, der es damals bedurfte,
1380 gestiftet (siehe Waldau, Beiträge I p. 24).

[6]) Für 68 Gulden 5 Pfund 6 Heller (aus dem Familienbuche des Freiherrn
von Harsdörfer).

Figuren ganz und gar Kraffts Charakter haben.[1] Heute befindet sich der Ölberg nicht mehr an seinem alten Orte, in dem heutigen Hofe des Germanischen Museums; er wurde 1820 am Fuß der Burg auf= gestellt, wo schon früher ein anderer, jetzt zu Grunde gegangener Öl= berg gestanden hatte.[2] Schon in den Jahren 1615, 1683, 1687 und 1759[3] wurde er restauriert, und heute befindet er sich in keinem guten Zustande mehr, so daß man von der Krafftschen Technik nichts mehr ent= deckt. Aber die Krafftschen Motive klingen noch nach. Drei Jahre früher hatte der Meister den schönen Ölberg im Relief am Sakraments= häuschen gearbeitet. Da war die Scene dramatischer als hier gefaßt, und die menschliche Seite Christi mehr betont. Aus der Haltung des Kopfes und der Hände sprach ein Vertrauen, eine völlige Hingabe zu Gott und doch ein heißes Flehen, daß ihm Gott im letzten Augen= blicke, wo die Schar der Verräter schon herannaht, noch Rettung senden möge. In dem Harsdörferschen Ölberg betet ein duldender Christus, der sich in seinem Schmerze ruhig in alles schickt.

In dem Harsdörferschen Familienbuche liest man neben der er= wähnten, den Ölberg betreffenden Aufzeichnung, daß Peter Harsdörfer im Jahre 1506 noch eine Ausführung Christi beim Zeughaus gegen= über der Mendelschen Zwölfbrüderkapelle stiftete. Auch hier ist der Künstler nicht angegeben, und es läßt sich vermuten, daß beide Auf= träge derselbe Meister erhielt. Heller führt nun eine früher im Zeug= hausgraben befindliche Kreuztragung, die sich heute in Form eines Altars an einem Pfeiler im Innern der Sebalduskirche befindet, als Kraffts Werk an und setzt es in das Jahr 1499[4] (Tafel X. 3). Da= für wurde es auch bisher mit Recht von allen Kunstgelehrten gehalten. Vielleicht scheint die Vermutung, wenn man hier combinieren darf, nicht zu gewagt, daß diese Ausführung Christi die von Peter Harsdörfer gestiftete ist, denn es ist doch nicht anzunehmen, daß zwei gleiche Dar=

---

[1] Die in der Campeschen Handschrift beigefügte Zahl 1502 erweist sich wieder als falsch, wie denn auf die Zeitangaben, die mit roter Tinte später hinzugefügt wurden, nichts zu geben ist. Auch v. Murr irrt sich mit seiner Angabe 1498 um ein Jahr.

[2] Auch dieser frühere Ölberg wurde von einigen jedoch nicht auf Grund stilistischer Untersuchung dem Krafft (?) zugeschrieben.

[3] Die drei ersten Zahlen nach einer Mitteilung des Freiherrn v. Harsdörfer, die letzte giebt außerdem Murr an.

[4] Diese Zeitangabe erscheint mir ganz willkürlich; auf dem Relief läßt sich keine Zahl auffinden.

stellungen sich beim Zeughause befanden. Das Relief[1] verrät durch=
aus den Stil Kraffts, wenn auch Gehilfenhände nicht zu verkennen
sind. Früher befanden sich drei Wappen, darunter das der Holzschuher
und Harsdörfer, daran, die vielleicht später entfernt wurden. Im An=
schluß an die Stationen soll das Relief betrachtet werden.

2.

An der inneren Chorwand der Sebalduskirche zur Rechten des
Sakramentshäuschens befinden sich drei gleich große Reliefs aus Stein,
das Abendmahl, der Ölberg und die Gefangennahme vom Jahre 1499[2].
Auf dem ersten sitzen die Jünger mit Christus gedrängt um einen runden
Tisch und sind dabei, das Osterlamm zu verspeisen. Christus, an dessen
Brust Johannes wie schlafend ruht, sitzt diesmal nicht wie gewöhnlich
in der Mitte am Tisch sondern vorn zur Seite, indem er seinem rechten
Nachbarn eine abwehrende Geste mit der Hand macht, als wolle er
sagen: „Es nützt Dir alles Sprechen nichts, einer von Euch wird mich
doch verraten". Die andere Gesellschaft hält sich an Speise und Trank
und kümmert sich um den Heiland nicht. Judas, mit dem Beutel ge=
kennzeichnet, drückt sich zur Thüre hinaus. Dieses Relief führt Neu=
dörffer unter Kraffts Werken an, indem er ausdrücklich hinzufügt, daß
darauf die damaligen „ältern Herren und andere vom Regiment ab=
conterfeit" seien.[3]

Das zweite Relief, der Ölberg, zeigt auf etwas erhöhtem Felsen=
terrain den betenden Christus, dem ein Engel mit Kreuz und Kelch
erscheint. Im Vordergrunde etwas tiefer schlafen Johannes und
Petrus und hinter diesem letzten nur zum teil sichtbar Jacobus. Im
Hintergrunde sieht man in kleinen Figuren die Juden herannahen.

Das Dritte ist die Gefangennahme. Indem Christus von dem
Verräter den Kuß empfängt und von einem hinter ihm stehenden an

---

[1] 1662 und 1687 wurde es restauriert.

[2] Auf der Säbelscheide des polnischen Kriegers auf der Gefangennahme liest
man 1499.

[3] Hans Harsdörffer, Conrad Imhoff, Marqu. Mendel, Gabriel Nützel als
Christus, Seiz Pfinzing, Peter Rieter, Hieron. Schürstab, Ulman Stromer schenkt
mit der Zierkandel ein, Anton Tucher sitzt dem Meister Krafft (?) zur Rechten,
Paul Volkamer mit dem Magellein, Stephan Volkamer, Heinrich Wolff, Adam
Krafft und Johann Widmann (siehe Nürnb. Künstler p. 42). Nach Lochner hieß
der letzte Johann Wettmann und war Ratsschreiber. Wenn diese Herren dar=
gestellt sind, so haben die Reliefs, die schon zu Neudörfers Zeit wenig geachtet
wurden, doch einen geschichtlichen Wert.

den Haaren gezogen, von einem fremdartig gekleideten bei der rechten
Hand ergriffen und am Gewand gezerrt wird, wird ihm von hinten
die Schlinge über den Kopf geworfen (Tafel V. 2). In den noch
freien Raum hinter Judas ist Petrus, wie er dem vor ihm liegenden
Malchus das Ohr abschlagen will, hineincomponiert. Alle drei
Reliefs zeigen gleichen Stil, gleiche Portraits, gleiche Gewandung,
müssen deshalb also von einem Meister herrühren.

Bis über die Mitte unseres Jahrhunderts hinaus galten diese
Reliefs, Neudörffers Bericht zufolge, für Werke Adam Kraffts, bis
endlich im Jahre 1863 der Maler Alexander Lesser aus Krakau auf
der Säbelscheide des polnisch gekleideten Soldaten auf der Gefangennahme das Zeichen des Veit Stoß neben der Jahreszahl 1499 und
einer als Verzierung dienenden Inschrift phantastischer Buchstaben
fand und aus diesem Grunde das Werk dem Veit · Stoß zuschrieb. [1]
Von nun an begann der Streit, der heute noch nicht entschieden ist.
Einige folgten der Ansicht des Herrn Lesser, andere wollten den Anteil Kraffts an diesem Werke nicht streichen lassen, und es wurde ge-
äußert, daß dieses Zeichen später hinzugefügt sein könne. Dem Krafft
müsse wenigstens die Ausführung in Stein übertragen worden sein,
weil die Art der Behandlung mehr dem Stile Kraffts als dem des
Veit Stoß entspreche.

Ein Werk, mit dem Monogramm eines Meisters versehen, werden
wir immer für dessen Arbeit zu halten geneigt sein. Doch könnte es
später hinzugefügt sein. Mag dies hier der Fall oder mag es
alt sein, vorläufig lasse man es außer Acht und vergleiche die drei
Reliefs mit den sicheren Werken Kraffts!

Der Ölberg unterscheidet sich wesentlich von dem auf dem Sakramentshäuschen, und doch liegt nur eine Zeit von drei Jahren da-
zwischen. Mußte man dort die Innigkeit, mit der Christus betet,
loben, so zeigt das Antlitz Christi auf dem Sebalder Relief eine steife
Leere. Christus läßt uns völlig kalt. Dazu trägt die gezwungene
Haltung der Hände beträchtlich bei. Fast unmöglich möchte es erscheinen, daß ein Künstler, der vorher so Vorzügliches leistete und später
bei einer gleichen Darstellung so weit zurückgeht, beide Reliefs gearbeitet habe. Abgesehen von der häßlichen Haltung der gefalteten
Hände des Johannes, dessen Gesicht auf den ersten Blick dem auf dem
Schreyerschen Grabmal ähnelt, was wohl aus dem damalig herr-

---

[1] s. Anzeiger für Kunde deutscher Vorzeit 1862.

schenden Johannestypus zu erklären sein mag, bei genauerem Hinsehen diesem aber hinsichtlich der künstlerischen Behandlung nachsteht; trägt die Gewandung ein ganz anderes Gepräge. Hart in den Brüchen und darin an die Holzschnitztechnik erinnernd, zuweilen unmöglich in den Motiven,[1] übertrumpft sie die brüchigen, auch knittrigen Gewänder Kraffts.

Dasselbe gilt von der Gefangennahme. Große flächenartige Einbuchtungen, wie sie das Messer schneidet, daneben kleinliche harte Falten, und im Antlitz Christi dieselbe Leere. Und nun das Abendmahl! Darin nichts von dem, was Krafft hineinlegte. Christus mit seinen beiden Nachbarn, vielleicht noch der ihm gegenübersitzende mit dem langen Barte und der hinausgehende Judas, sind in der eigentlichen Handlung begriffen; für die übrigen ist nur Speise und Trank, was sie beschäftigt. Auffällig ist in den Köpfen ein nachdrückliches Anatomisieren, das noch mehr in den nackten Teilen des Beines des polnisch gekleideten Soldaten hervortritt. Adam Krafft beobachtet mit treuer Sorgfalt die Natur, der er die feinsten Züge ablauscht; niemals aber dräugen sich die Sehnen und Adern an Händen und Beinen auf. Er giebt dem Körper Weichheit. Der Stein nimmt das Aussehen des lebendigen Fleisches an, durch das die Adern durchschimmern.

Die Gefangennahme hat in der Komposition große Ähnlichkeit mit der gleichen Darstellung im Rosenkranz des Veit Stoß, der, wenn Lübke Recht hat, in seine frühere Zeit fällt. Es ist nun zweierlei möglich. Entweder hat Veit Stoß das Steinrelief verfertigt und dabei seine frühere Komposition wiederholt, oder ein anderer, selber zu komponieren nicht fähig, könnte nach dem Rosenkranzrelief sein Modell gearbeitet haben. Nun kommt aber auf einem im Berliner Kupferstichkabinet befindlichen Kupferstich mit dem Monogramm des Veit Stoß. die Auferweckung des Lazarus darstellend, eine dem polnischen Soldaten ähnlich gekleidete Figur vor (Tafel V. 3). Ähnliche Fußbekleidung, ähnlicher Kopfputz, ähnliche Säbelscheide, nur hier ohne Verzierung, erkennt man wieder, selbst die brüchige Art der Gewänder der knieenden Frauengestalt im Vordergrunde. Auch sind die drei zusammenhängenden Reliefs mit den Figuren des Marienaltars in Krakau nahe verwandt.[2] Das Unruhige und Gewaltsame in der Komposition, die überaus bauschigen Gewänder, die harte naturalistische Durchbildung der Köpfe, alles dieses findet sich hier wieder und spricht für Veit Stoß.

---

[1] Das über das freie Knie hinaufgezogene Gewand müßte herabfallen.
[2] s. Dr. P. J. Rée: Veit Stoß. Bayr. Gewerbezeitung 1894 Nr. 15.

Nun kommt das Zeichen auf der Säbelscheide hinzu, das meines Dafür=
haltens sich von Anfang an darauf befand und so lange übersehen
worden ist. Aus diesen Gründen ist Veit Stoß Meister des Werkes;
und Neudörffer mag dadurch zu seinem Irrtum geführt sein, daß
Stoß vornehmlich in Holz, Adam Krafft in Stein arbeitete.[1]) Die Köpfe
im Abendmahl sollen nach Neudörffer Portraits sein, und der Künstler
soll sich darauf abgebildet haben. Dann wäre, wenn der nur teilweise
sichtbare mit der Kappe der Künstler ist, darin Veit Stoß zu erblicken.

Die Annahme, daß Veit Stoß nur die Modelle geliefert habe, und
diese dann in Kraffts Werkstatt in Stein ausgeführt seien, scheint mir
zu gewagt.[2]) Stoß hat eben auch in Stein gearbeitet, und hier haben
wir ein Steinwerk von ihm.[3]) Wollte man dennoch die Ausführung
in Kraffts Werkstatt annehmen, so würde sie sich lediglich auf die Ge=
sellen beschränken, und Adam Krafft, der keineswegs in der Erfindung
so arm war, daß er nach fremden Modellen arbeitete, hätte auch dann
keinen Anteil daran.

3.

„In den Klöstern, als bei St. Egidien im Kreuzgang an der Wand,
so schreibt Neudörffer, hat er ein schön Kunststück, von Mathias Landauer
gestiftet, und dann bei den Augustinern und Dominikanern unterschied=
liche kleine Stücke gemacht."[1]) Von diesen Werken sind noch drei unter=
einander verwandte Grabdenkmäler erhalten, die sich aber nicht mehr
an den früheren Stellen befinden. Sie dienen alle zur Verherrlichung
der Maria. Zu ihren Füßen knieen die verstorbenen Familienmitglieder,
zu deren Erinnerung die Grabtafeln gestiftet sind, und Andächtige aus
allen Ständen in betender Stellung.

Als im Jahre 1816 das Augustinerkloster, dessen von Hans Beer
erbauten Gewölbe ein Meisterstück der Baukunst gewesen sein sollen,
abgerissen wurde, schaffte man aus dem Kreuzgange die herrliche Krönung
der Maria, eine Denktafel der Familie Pergenstörffer (Tafel VIII. 1),

---

[1]) Auch in der Zeitangabe 1501 irrt er.

[2]) Siehe Bergau, Veit Stoß.

[3]) Stoß hatte Hansen Thumb ein Sakramentshaus gemacht. Da ihm dieser
von seiner Forderung 11 fl. abziehen wollte, kam es zur gerichtlichen Klage am
20. Aug. 1509. Aus welchem Material es gefertigt war, ist nicht gesagt. Da
die meisten Tabernakel aus Stein waren, mag auch dieses in Stein gearbeitet ge=
wesen sein (siehe Baader, Jahrbücher f. Kunstwissenschaft 1869 p. 78). In einer
von mir aufgefundenen Urkunde von 1503, deren Wortlaut noch angeführt wird,
ist Stoß „stainhauer oder pildschnitzer" genannt.

[4]) f. Campe.

in die katholische Frauenkirche, wo sie noch heute, mit brauner Ölfarbe überstrichen, im nördlichen Seitenschiffe hängt, während das Augustiner Sakramentshäuschen, von dem noch gesprochen wird, dabei zu Grunde ging. Da im Jahre 1498 Katharina, die Frau des Sebald Pergenstörffer starb, mag die Herstellung des Grabdenkmals kurz nach dem Tode derselben dem Adam Krafft übertragen worden sein.

Fast überlebensgroß ist Maria als Gnadenmutter dargestellt. Das bekleidete Christkind, das sie auf dem linken Arm trägt und mit der rechten Hand festhält, dreht sich in rascher Bewegung seitwärts. Die Mutter ist nur darauf bedacht, daß das Kind nicht falle, und beachtet nicht, daß über ihr zwei schwebende Engel unter einem gotischen Baldachin die Himmelskrone auf ihr Haupt senken wollen. Zwei andere Engel ziehen in stürmischer Bewegung den Mantel der Maria empor, unter dem ihr zur Rechten: Könige, Bischöfe, Pilger als Vertreter des heiligen römischen Reiches, ihr zur Linken: acht Glieder der Stifterfamilie knieen. Die Komposition ist eine der edelsten, und vorzüglich ist die malerische Gesamtwirkung des Reliefs. In den holden Engelsköpfen und in den knieenden individuell gehaltenen Figuren, in welchen großartig die verschiedenen Grade der frommen Andacht beobachtet sind, zeigt Krafft sich als ganzer Meister. Wenn auch die Haltung der Maria nicht ganz glücklich sein mag, der untere Teil der Beine zu kurz trotz der Verkürzung erscheint, der Faltenwurf zuweilen etwas knittrig und der Ausdruck in Marias Gesicht zu gleichgiltig ist; so drückt sich doch in dem liebevollen Neigen derselben zu dem unruhigen Kinde, das sie sorglich hütet, in feiner Weise ein deutsches, inniges Gemüt aus. Diesen genrehaften Zug hat Krafft sorgfältig der Natur abgelauscht. Die kleinen Fehler können den künstlerischen Wert der Arbeit nicht schmälern. Im Vergleich zu den beiden anderen Grabtafeln ist diese die wohlgelungenste und berühmteste, da die ganze Komposition sehr glücklich zu einem einheitlichen Motiv zusammengezogen ist.[1]

Ebenfalls in der Frauenkirche hängt links vom Eingang in den Chor das früher im Kreuzgang der 1809 abgebrochenen Dominikanerkirche befindliche Grabdenkmal des Hans Rebeck, der als letzter seines Namens am St. Veitstag 1500 starb (Tafel VIII. 2). Deshalb ist anzunehmen, daß dieser die Grabtafel vor seinem Tode bei Adam Krafft bestellt hat.

Auf Wolken kniet Maria. Die Hände zum Gebet erhebend, wird

---

[1] Unten befindet sich die Grabschrift, zu beiden Seiten zwei Wappen.

sie von Gott Vater und Christus gekrönt. Hinter ihnen spannen vier Engel ein weites Tuch aus. Unter den Wolken, durch ein Gesimse getrennt, halten zwei Engel die Inschrift: „Ano dnn [Domini] 1500 an sanct Veißtag starb de' [der] erbe' [ehrbare] hans Rebeck de' jünge' [jüngere] un [und] letzt' des names de' hie begrabe' ligt. De' got genade." Als unteren Abschluß tragen zwei Männer das Familienwappen. Im Gegensatze zum Pergenstörffischen Denkmal, das größer und schöner ist, dem es aber hinsichtlich der künstlerischen Behandlung nicht nachsteht, tragen die Seitenpfeiler der Grabtafel einen flachen dreiteiligen Bogen von rankendem Laubwerk mit Trauben. Trotz des häßlichen Anstriches mit grellen Farben, die glücklicher Weise auf der beigefügten Tafel nicht störend wirken, verraten die Köpfe noch die feine Durchbildung und Modellierung, die wir auf dem Schreyerschen Grabmal bewundern. Auffallend groß sind nur die Ohren bei Christus und Maria. Die Gewandung unterscheidet sich wesentlich von der auf dem Pergenstörffischen Grabmal. War sie dort viel gebrochen und ohne größere Faltenmotive, so ist sie hier aus dicken schweren Stoffen bestehend, mit einer Breite, vielleicht zu reich und bauschig, im ganzen aber klar an Motiven gegeben.

Diese Art der Gewandung, nur gemäßigter, finden wir wieder in dem aus Freifiguren bestehenden Landauer Grabmal (Tafel IX. 1), das früher im Kreuzgange der Egidienkirche sich befand und nach dem Brande im Jahre 1696, wobei es arg litt, in die vom Feuer verschont gebliebene Tetzelkapelle geschafft wurde. Dort wird es noch heute an der Wand aufbewahrt. Von Mathias[1]) Landauer, der schon am Schreyerschen Grabmal Anteil hatte, wurde es mutmaßlich nach dem Tode seiner Frau im Jahre 1502 übertragen. 1503[2]) ist es vollendet, wie die Jahreszahl auf dem Gesimse, das die eigentliche Grabtafel von der darunter befindlichen Inschrift trennt, angiebt. Später wurde dann das Todesjahr des Mathias Landauer (1515) eingemeißelt, wie schon an den größeren Ziffern zu erkennen ist. Die Tafel ist von oben nach unten in drei Nischen und diese wiederum quer durch eine Wolkenreihe geteilt, so daß sechs Felder entstehen. In der mittleren Nische kniet Maria und wird von zwei schwebenden Engeln gekrönt. In den beiden äußeren Nischen thronen ihr zugewendet unter Baldachinen Christus und Gott Vater, dessen Haltung wie Gewandung besonders

---

¹) Mathias Landauer erbaute das Zwölfbrüderhaus mit der Kapelle zu allen Heiligen (Landauerkloster, jetzt der Kunstgewerbeschule eingeräumt).

²) Ich glaube in der letzten Ziffer der Zahl eine 3, nicht eine 1 zu erkennen.

edel ist; hinter ihnen die üblichen Engel. Wahrscheinlich erhob sich über der mittleren Nische ein Baldachin, der die beiden anderen über= ragte. Unterhalb der Wolken befindet sich eine reizende Gruppe von musizierenden Engeln, zur rechten Seite die betende Christengemeinde, zur linken sieben Mitglieder der Familie Landauer in natürlichen lebensvollen Figuren und schöner Gewandung. In den darunter be= findlichen Wappen erkenne ich das Landauersche, das Landauersche und Hallersche vereinigt, das Rothenhahnsche, das Landauersche und Schlüsselfeldersche, das Landauersche. Unter der Tafel steht die In= schrift, die heute nur noch zur Hälfte sichtbar ist.[1] Auf jeder Seite erblickt man noch ein großes Landauersches Wappen.

Achtes Kapitel.

Als ältestes bekanntes Werk Kraffts werden immer die sieben Stationen, deren Stifter Martin Kötzel gewesen sein soll, erwähnt.[2] Dieser unternahm, wie eine Gedächtnistafel in der Johanneskirche an= giebt, im Jahre 1468 im Gefolge des Herzogs Albrecht von Sachsen die damals beschwerliche Reise nach Palästina, deren Veranlassung Religiosität gewesen sein mag, wie denn schon mehrere Mitglieder der Familie dorthin gepilgert waren.[3] In Jerusalem maß er die Ent= fernungen der Orte aus, wo Christus, als er zum Tode geführt wurde, unter der Last des Kreuzes hingesunken war. An diese Reise knüpft sich die sagenhafte, jedoch nicht unglaubwürdige Angabe, daß dieser

---

[1] Leider scheute man sich nicht in die Inschrift Eisenstäbe einzuschlagen, um daran den davorstehenden Altartisch zu befestigen. Der Vollständigkeit halber sei die ganze Inschrift mitgeteilt: Anno dm 1468 Jar am pfingtag i. der marter woche da starb der erber ma[nn] marx Landauer de got genedig sey. ame.

Anno dm 1457 Jahr am Montag i. der Fasnacht da starb die erber frau Margaret marx Landauer de got genedig sey. ame.

Anno dm 1515 den 7 tag January verschie[d] de erber Matheus Landauer ein Stifter zu allen Heiligen.

Anno 1501 am sanct Philipp u. Jacobustag da starb die erber frau Helene Matheus Landauer de got genedig sey.

[2] Die Kötzels gehörten nicht zu den Patriziern; trotzdem sie zu Ämtern und Würden zugelassen wurden, gingen sie jedoch nicht zu Rate.

[3] Die Tafel giebt an, daß Heinrich 1389, Georg 1453, Ulrich 1462, Martin 1468 und 1472, Wolf 1493, Georg 1498 u. s. w. ins gelobte Land zog. Die Sage giebt fälschlich die Reisen Martins 1477 und 1488 an.

Martin Kötzel nach seiner Rückkehr die Maße unter seinen Notizen nicht mehr habe auffinden können, und daß deshalb der fromme Mann zum zweiten Male im Jahre 1472 in das heilige Land gepilgert sei, diesmal im Gefolge des Herzogs Otto von Bayern. Die Maße ließ er dann von einem Hause[1] am Tiergärtnerthor, das ihm keineswegs, auch keinem anderen seines Geschlechtes gehörte, die Burgschmietstraße und Johannisstraße hinunter bis zum Johanniskirchhof[2] abstecken und dort von Adam Krafft Pfeiler mit Reliefs, die sieben Fälle Christi darstellend, aufrichten. Wann dem Künstler dieser Auftrag gegeben wurde, und wann die Stationen aufgestellt waren, ist urkundlich nicht nachzuweisen.[3] Dies ist sicher, daß sie zu den reifsten und vollendetsten Werken des Meisters gehören.

Im Gegensatze zu dem malerischen Schreyerschen Grabmal macht sich in diesen schlecht erhaltenen und oft restaurierten Werken eine rein plastische Auffassung geltend, und abgesehen von der vortrefflichen Komposition verlangt die meisterhafte Ausführung Bewunderung. Die Figuren sind in zwei bis drei Plänen angeordnet, die hintersten im flachen Relief, die mittleren erhabener und die vordersten fast in Rundfiguren, so daß die Füße und Arme sich frei vom Grunde ab= heben.

Alle sieben Leidensstationen[4] sind schlecht erhalten, da sie Jahr= hunderte der Witterung ausgesetzt waren. Weil sie oft restauriert worden sind, können wir nur auf ihre Vortrefflichkeit in ihrem unver= sehrten Zustande schließen. Seit dem Jahre 1889 werden an die

---

[1] Erst im 16. Jahrhundert fing man an, dieses Haus (früher S. 439) „zum geharnischten Mann" zu nennen, sowohl im Volksmunde wie urkundlich. Die Benennung „Pilatushaus", die sich allerdings auf den Stationen gründet, mag von Touristen und ihren Führern aufgebracht sein (s. Lochner, Neudörffers Nachr.).

[2] Lochner erwähnt, daß damals schon eine zum Siechkobol gehörige Kirche mit einem kleinen Begräbnisplatz vorhanden war, aber noch keineswegs als all= gemeiner Kirchhof benutzt wurde. Das läßt sich auch aus der getuschten Zeichnung Dürers erkennen.

[3] v. Murr und Will geben willkürlich 1490 als Entstehungszeit an. Die Campesche Handschrift giebt sie als letztes Werk zusammen mit der Grablegung der Holzschuherschen Capelle an (1508). Lochner schreibt, die Stationen können mit völliger Sicherheit schon 1490 nachgewiesen werden. Leider giebt er die Quelle, der diese Angabe entnommen ist, nicht an. Er konnte sich doch höchstens auf Murr und Will stützen, was sehr bedenklich ist. Bode folgt Will (Deutsche Plastik p. 132).

[4] Die von Heller gezeichneten Stationen geben durchaus keinen genügenden Begriff.

Stelle der alten Originale, die das Germanische Museum aufnimmt, Copien aus festem Sandstein gesetzt. Dort werden sie hoffentlich an geschützten Stellen aufgestellt werden, wo sie dem Einflusse der Witterung nicht mehr ausgesetzt sind, damit auch spätere Jahrhunderte die alten Meisterwerke noch bewundern können; denn eine Copie kann an den Wert eines großartigen Werkes nicht heranreichen, geschweige denn es ersetzen. Bei meinem vorjährigen Aufenthalte in Nürnberg waren bereits drei Copien aufgestellt; eine vierte muß heute vollendet sein.

Die erste Station befindet sich heute im Germanischen Museum (Tafel VI. 1). Die Gestalten sind alle beschädigt, manche Köpfe bis zur Unkenntlichkeit verstümmelt, und der Christuskopf ist nur noch eine rohe Steinmasse. Das fünf Fuß hohe und sechs Fuß breite Relief zeigt sechszehn Figuren, die sich in zwei Gruppen teilen lassen, deren Mittelpunkt bei der einen der zum Tode geführte Christus, bei der anderen die vor Schmerz hinsinkende Mutter Maria ist. Wie die frühere unter dem Relief befindliche Schrift:

„hir begegnet Christus seiner wirdigen lieben Mutter die vor
großen herzenleit anmechtig ward II^c schrit von Pilatus haws",

angiebt, hat der kummervoll niedergebeugte Christus, etwas größer als die Landsknechte, die Bürde des Kreuzes noch nicht lange getragen; aber schon verlassen ihn die Kräfte, und sein Knie beginnt zu wanken. Unter den Schlägen der rohen Landsknechte wird er noch einige Schritte weiter getrieben. Da erblickt ihn seine gramgebeugte Mutter. Den herzzerreißenden Anblick vermag sie nicht zu ertragen. Ohnmächtig sinkt sie in die Arme der Umstehenden. Einer der rührendsten Anblicke, den Adam Krafft mit warmer Empfindung und großer Würde darstellt!

Früher standen alle Stationen, ehe die Straße mit Häusern bebaut wurde, ganz frei auf Pfeilern, wie heute noch die in der Nähe des Kirchhofes aufgestellte fünfte und sechste Station. Später wurden sie in gleicher Höhe in die Vorderwand der Häuser hineingebaut. Waren sie so vor dem Umfallen geschützt, so wirkte jetzt etwas anderes zerstörend ein. Beim Anstreichen der Häuser überschmierte man rücksichtslos auch die Reliefs mit dicker Farbe, die infolge der Witterung abbröckelte. Dann versah man sie mit einem neuen Überzug, so daß die feine Oberfläche bald schwand. Vieles mag auch im Laufe der Jahrhunderte vom Mutwillen des Volkes verstümmelt sein.[1]

---

[1] Die Restaurationen der Stationen im 19. Jahrhundert können nach den in der Registratur des Rathauses befindlichen Akten bestimmt angegeben werden. 1852 wurde vom Bildhauer Heller, Lehrer an der Kunstgewerbeschule, der Christus-

Die zweite Station ist ebenfalls durch eine Copie[1] ersetzt worden. Das Original im Germanischen Museum ist besser als die erste Station erhalten, aber es ist daran schon viel herumrestauriert (Tafel VI. 2). Diesmal ist die Scene dargestellt, wie Simon von Kyrene auf Veran= lassung zweier Kriegsknechte dem zusammensinkenden Heiland, der von einem hinter ihm gehenden Peiniger am Haar gepackt, von einem zweiten an einem Stricke vorwärtsgerissen wird, die Last des Kreuzes tragen hilft. Ein dritter, der den Herrn durch Rufe antreibt, will ihm einen Schlag versetzen. Andere schreiten gefühllos mit Stangen und einer Leiter neben her. Im Ganzen sind vierzehn Personen zur Dar= stellung verwandt. Vier heben sich am meisten plastisch vom Grunde ab (der Christum ziehende Krieger, Christus mit dem Kreuze, der diesem folgende Landsknecht und Simon von Kyrene) und machen die Länge des Bildes aus. Darunter las man in Stein gehauen:

„Hir ward Simon gezwungen Christo sein kreutz helfen tragen IIᶜ LXXXXV (295) schrit von Pilatus Haus".[2]

Neben der siebenten ist die schönste und künstlerisch vollendetste die aus sechszehn Figuren bestehende dritte Station, die voll von innerer Lebensbewegung und dramatischen Ausdruckes ist (Tafel VI. 3). Leider ist sie sehr zerstört.[3] Darunter steht geschrieben:

„Hir sprach Christus Jr Dochter von Jherusale' nit weynt uber mich sunder uber euch un' ewre kinder IIIᶜ LXXX schritt vo' pilat' haws".

Die klagenden Frauen von Jerusalem sind dem Heiland, der eben in das Knie gesunken ist, nachgeeilt. Mit schmerzerfülltem Haupt wendet er sich zu ihnen und spricht, sie sollten nicht über ihn weinen. Die rohen Gesellen gönnen ihm aber keine Zeit zur Rast, ziehen ihn an den Locken und am Ärmel unter lautem Geschrei vorwärts und treiben ihn durch Stockhiebe weiter. Eine Wärme der Empfindung in reiner Wahrheit spricht aus dieser vorzüglichen Darstellung, wie sie kaum besser gegeben werden kann. Ein Dürer, mit dem Krafft sich hierin

---

kopf der ersten Station erneuert. 1886 war er jedoch schon wieder unkenntlich. An Stelle des höchst verwitterten Reliefs wurde 1891 eine vom Bildhauer Leistner unter Prof. Wanderers Leitung verfertigte Copie gesetzt und gleichzeitig beim Neubau des Hauses der Sockel um 0,43 m erhöht.

[1] 1893 ebenfalls vom Bildhauer Leistner angefertigt.

[2] Unter der Copie liest man IILXXXXII (292) Critt.

[3] Im Jahre 1829 war das Deckelgesims, das schon einen Sprung zeigte, nicht mehr das ursprüngliche; es wich durch Stil, Form und Profil von den übrigen ab (s. die Akten).

als echt deutscher Künstler verwandt zeigt, hätte den zu den Weibern gekehrten Christus in seinem Schmerze, in seinem Dulden und in seiner Selbstvertröstung nicht besser geben können.[1] Unumschränktes Lob verdient die prächtige vorderste weibliche Gestalt mit den flehenden Händen. Diese Figuren zeigen am besten das künstlerische Talent unseres Adam Krafft, sprechen es aus, wie weit er sich über den handwerksmäßigen Steinmetzen erhob. Doch halte man sich beim Betrachten der Stationen immer an die Originale, die, wenn auch oft bis zur Unkenntlichkeit zerstört, allein den gewaltigen Eindruck geben.

Die vierte Station (Tafel VI. 4) mit der Unterschrift:

„Hier hat Cristus sein heiligs angesicht der heiligen Frau Veronica auf iren Slayr gedruckt vor irem Haws V^c (500) Sritt von Pilatus Haws", zeigt nur zehn Personen. Sie ist eine der Stationen, die am wenigsten die Manier Kraffts bewahrt hat.[2] Jene Legende ist dargestellt, nach welcher sich das Antlitz Christi beim Abtrocknen des Schweißes im Tuche der Veronika abdrückte. Diese Frau, die der Anführer der Rotte mahnt, den Zug nicht länger aufzuhalten, hält dem Heiland noch ihr Tuch entgegen, auf dem das Wunder geschehen ist, inzwischen einer der Knechte Christus an den Haaren zerrt und mit einem Knüttel in der Hand zum Schlage ausholt. Die Figur im Hintergrunde mit den Nägeln mag einen Pharisäer darstellen.[3]

Die erste freistehende, da wo die Burgschmietstraße die Johannisstraße schneidet, ist die etwas kleinere und aus feinerem Sandstein bestehende fünfte Station[4] (Tafel VII. 1). Sie zeigt noch einmal das

---

[1] Die Kreuztragungen der Dürerschen Passionen werden noch betrachtet werden.

[2] 1861 wurde sie durch den Bildhauer Lenz unter Director Krelings Leitung einer gründlichen Restauration unterzogen. 1877 waren aber die restaurierten Stücke schon wieder so zerstört, daß diese wiederum einer Restauration bedurften.

[3] v. Murr hebt bei dem hinter Veronika stehenden Weibe das nach schwäbischer Art geflochtene Haar hervor. Es ist das keine unfeine Bemerkung Murrs. Deshalb auf Kraffts schwäbische Abstammung aber schließen zu wollen, wäre ganz verfehlt.

[4] In den fünfziger Jahren wurde sie durch den Bildhauer Schmidt aus Augsburg unter Krelings Leitung restauriert. Die rechte Figur im Vordergrunde scheint schon früher schadhaft gewesen zu sein und wurde bei einer früheren Restauration einfach weggemeißelt. Wahrscheinlich ist damals die Fläche des Reliefs verkleinert. Kreling versuchte die Gestalt eines Hohenpriesters hineinzusetzen, dessen unbehauene Rückseite jedoch über das Profil des Rahmens heraussteht, und die deshalb schon nicht passen würde.

rohe Treiben und empörende Mißhandeln der schmählichen Bande. Christus will eben unter seiner drückenden Last zur Erde sinken, wird aber von den Peinigern, die ihn stoßen, zerren und schlagen, weiter fortgetrieben. In sehr verwetterter Schrift ist noch zu erkennen: „Hier tregt Christus das Creuß und wird von den Juden ser hart geslagen VIIᶜLXXX (780) Srytt von Pilatus Haus." Das Original der sechsten Station befindet sich auch im Germanischen Museum (Tafel VII. 2). Sie war die erste, von der eine Copie angefertigt wurde (Tafel VII. 3).[1] Christus, den die Kräfte gänzlich verlassen haben, ist mit dem Kreuze lang hingeschlagen und wird von einem rohen Schergen in unerhörter Weise am Haupthaar emporgezogen, während ein anderer ihn am Rockärmel gepackt hat. Im Anfang unseres Jahrhunderts war dieses Relief am verfallendsten und wurde deshalb von Burgschmiet im Jahre 1829 samt der Säule renoviert. Um die Mitte des Jahrhunderts mußte es schon wieder restauriert werden. Heute zeigt es eine ganz andere, man möchte sagen, erkünstelte glatte Mache und läßt nur noch die schöne Komposition in den Gesamtlinien erkennen. Als die Copie angefertigt war, wurde der Pfeiler etwas zur Seite gerückt, da infolge der Verbreiterung der Straße der frühere Standort dem Verkehr hinderlich gewesen war. Unter dem Relief las man früher:
„hier selt Christus vor großer anmacht auf die Erden bei Mᶜ (1000) Srytt von Pilatus haus."[2]
Auf jedem Relief hatte die Erfindungsgabe Kraffts es verstanden, die Scene immer zu verändern und neue Motive zu geben, ohne langweilig zu werden. Von Bild zu Bild ist die Mattigkeit und zunehmende Schwäche Christi gesteigert.

Endlich das siebente Relief (Tafel VII. 4)! Dieses, seit der Erweiterung des Kirchhofes an der Mauer links vom Eingange befindlich, ist neben der dritten Station die schönste und, was die Gruppierung

---

[1] 1829 renovierte sie Burgschmiet; nach dreißig Jahren war sie schon wieder so ruinös, daß ein Kunstfreund, Herr Kaufmann Zellner aus Nürnberg, der den gänzlichen Verfall des Werkes nicht mit ansehen konnte, sie auf seine Kosten 1859 durch Bildhauer Lenz unter Krelings Leitung wiederherstellen ließ. Die renovierten Stücke hielten aber auch nicht länger als zwanzig Jahre; deshalb wurde 1889 eine Copie vom Bildhauer Leistner angefertigt.

[2] Irrtümlicher Weise liest man auf der Copie statt „anmacht" „unmacht", woran eine frühere Restauration schuld hat.

der Figuren anbelangt, die am besten komponierte.[1] Die früher
darunter befindliche Schrift:

„Hier leyt Christus vor seiner gebenedeyten wirdigen muter,
die in mit großem Hertzenleyt und bitterlichen smertz claget
und beweynet",[2] ist nicht mehr vorhanden. Die Klage um
den toten Christus war schon im Schreyerschen Grabmal in so er=
greifender Weise und lebendiger Wahrheit dargestellt; hier kehrt der
ganze Inhalt noch einmal wieder, nur daß der Meister der Darstellung
wieder ganz neue Motive abgewinnt und durch eine gewisse Größe
und erhabene Würde den Schmerz der Klagenden dämpft. Auf einem
ausgebreiteten Tuche ruht der tote Christus, dessen Oberkörper von
Johannes gestützt wird. Maria nimmt in zärtlichster Weise von den
kalten Lippen ihres verschiedenen Sohnes zum letzten Male Abschied,
Maria Jacobi erhebt die linke Hand des Herrn und betrachtet traurig
die Wunde; Maria Magdalena, zu seinen Füßen knieend, weint bitter=
lich und trocknet ihre Thränen am Leichentuche. Hinter dieser herrlichen
Gruppe stehen links im Hintergrunde klagende Frauen und pressen die
übereinandergeschlagenen Hände auf ihre Brust. Mit einer anderen
Frau ist ein Jünger, der die Dornenkrone in den Händen hält, im
leisen Gespräch. Daneben steht einer, der eine Zange und die drei
Nägel vom Kreuze hält. Ein anderer reicht einer Frau die Salben=
büchse.

Auf dem Kirchhofe erblickt man den Calvarien= oder Schädelberg,
der jederzeit für ein Werk Kraffts gehalten wurde und es unstreitig
ist.[3] Am mittleren Kreuze hängt Christus, wohlgezeichnet und weich
in den anatomischen Formen. Zu beiden Seiten sind die beiden
Schächer gekreuzigt, der eine reuig in sich gekehrt, der andere trotzig sich
abwendend. Durch die Einwirkung der Witterung und schlechte Über=
arbeitung haben die Figuren recht gelitten, so daß man in ihnen von
Kraffts Meisterschaft nicht mehr viel sieht. Früher sollen sie die ganze
Kunstfertigkeit des Meisters gezeigt haben.[4] Die Adern waren fein
ausgebildet und die Stricke wie aus Hanf geflochten. Unter dem Kreuze
standen Juden und ein römischer Hauptmann mit Kriegsknechten, und

---

[1] 1829 mußte ein Teil des Hintergrundes erneuert werden, und 1855 wurde
es vom Bildhauer Lenz unter Krelings Leitung, der selbst die Modelle verfertigte,
restauriert.

[2] Den gezeichneten Stationen Hellers entnommen.

[3] Neudörffer führt ihn bei den Stationen auf.

[4] Siehe Trechsel=Großkopf und Will: Münzbelustigungen.

einige Schritte davon entfernt, sah man Maria mit Johannes und verschleierte Frauen, welche die ohnmächtige Mutter des Gekreuzigten in den Armen hielten. Von diesen Figuren sind heute nur noch vier in sehr verwittertem Zustande erhalten; zwei stehen zwischen den Kreuzen[1]), die beiden andern stehen auf Konsolen an der inneren Kirchhofsmauer[2]).

2.

Adam Krafft zeigt sich in den Stationen auf der Höhe seiner Leistungen. In ergreifendster Weise, in dramatischer Schilderung ohne falsches Pathos entfaltet er die ganze Innigkeit und Herzenstiefe, die er seiner Kunst einzugeben vermag. Es ist kaum glaublich, daß noch in den siebziger Jahren dieses Jahrhunderts ein Direktor der Kunstschule zu Nürnberg von diesen Werken schreiben konnte: „es seien interessante Werke, denen übrigens ein allzuhoher Kunstwert nicht zugeschrieben werden dürfte"! In der deutschen Kunst sind diese Scenen überhaupt nicht edler und gemütvoller gefaßt worden, und gerade in diesen herr=lichen Schöpfungen zeigt Krafft sich aufs innigste mit dem Geiste Dürers verwandt. Eine seelenvolle Schönheit weht uns aus ihnen wie würzige Frühlingslüfte entgegen. Nie ist er in der Darstellung herb: die heftigsten Affecte sind immer von edler Mäßigung beherrscht. In welcher Mannigfaltigkeit hat er die verschiedenen Empfindungen dar=gestellt! Nie schleicht sich bei ihm die geringste Übertreibung ein, die über das Maß des Natürlichen hinausginge.

3.

Im Gegensatze zu dem duldenden Christus, giebt Krafft den Peinigern ein möglichst rohes Wesen. Das war die Art und Weise der Zeit. Wie mit dem Vordringen des fünfzehnten Jahrhunderts in den geistlichen Spielen das Behagen an komischen Figuren und unbe=fangener Frechheit stärker wird, um von ihnen Christus und die Heiligen abzuheben, so bildet man in der darstellenden Kunst die Übelthäter recht häßlich und erstrebt krasse Heftigkeit in ihren Gebär=den, um desto mehr Gut und Böse von einander zu scheiden; während in den Heiligen, besonders in der Maria, noch etwas von der ein=fachen altgotischen Schönheit nachklingt.[3]) Übrigens mögen häßliche

---

[1]) Eine von ihnen ist zum Steinklumpen geworden.

[2]) Ein Blatt des Joh. Alex. Böner soll von der Gruppe eine Anschauung geben (siehe die „Nürnb. Künstler").

[3]) Siehe R. Vischer, Studien zur Kunstgeschichte.

Modelle gerade von Künstlern zweiten Ranges bevorzugt worden sein, weil die Charakteristik des Bösen, vor allem Karrikaturen leichter gelingen, als die Darstellung tiefer Empfindung.

Krafft kleidet seine Gestalten in das Kostüm seiner Zeit, um im rechten Tone zum Volke, welches das Leiden Christi am liebsten in die Gegenwart verlegte, sprechen zu können. Mit fast kindlicher Unbefangenheit entnimmt er die schlichten bürgerlichen Gestalten dem heimatlichen Leben, doch so, daß sich ihre Trachten nicht störend aufdrängen oder gar dem religiösen Stoffe nachteilig wären. Überhaupt stellten die deutschen Künstler im ausgehenden Mittelalter die Passionsscenen im Rahmen ihrer Zeit dar, um möglichst ergreifend zu wirken. Nie ist der religiöse Inhalt beeinträchtigt.

4.

In den ältesten Zeiten wurde das Christusportrait ganz in heidnischen Kunstformen dargestellt. Als später die Ansicht der lateinischen Kirche, Christus müsse schön dargestellt werden, den Sieg errang, und man ein schönes Gesicht zu formen nicht fähig war, griff man zu dem byzantinischen Christustypus, der sich lange hielt. Mit den einbrechenden Nationalitätsideen nach Untergang des deutsch-römischen Kaiserreiches nehmen die Christusbilder immer mehr den nationalen Charakter des Landes an, bis der hergebrachte byzantinische Typus nur noch wie ein leichter Hauch auf ihnen liegt. Mit der Hinzuziehung des nationalen Costüms und der heimatlichen Landschaft beginnt man namentlich in den Niederlanden und Deutschland den Heiland menschlich individuell zu fassen, ohne damit seine göttliche Seite zu verneinen. Christus bleibt auch immer der geistige Mittelpunkt des Gemäldes. Der deutsche Künstler geht sogar so weit, dem Antlitz Christi rein menschliche, familienmäßig natürliche Züge zu geben. Deshalb sind die Portraits so verschieden von einander. Mancher Künstler vermag sogar eine wirklich rührende und ergreifende Schönheit zu geben. So kann man von einem Krafftschen Christus, von einem Dürerschen Christus sprechen. Weiter hierauf einzugehen, kann nicht Zweck dieser Schrift sein.

5.

Daß Meisterwerke, wie die Stationen Kraffts in ihrer Originalität weiter wirkten, bedarf kaum einer Erwähnung. Der junge Albrecht Dürer soll sie in der Werkstatt seines Vaters in Silber getrieben haben. Wenn diese Reliefs wirklich damals schon vollendet waren, so mögen sie für den lernenden Künstler vorzügliche Vorbilder gewesen sein. Eine authentische Nachricht darüber fehlt. Daß die Passionsbilder Dürers mit den Werken Kraffts verwandt sind, wird noch nachgewiesen werden. Künstlern, denen es versagt war, selber gut zu komponieren, haben diese Steinbilder als willkommene Vorlage gedient, die sie veränderten oder gar copierten. Das Büchlein mit dem Titel:

> „Die maynung diß büchleins,
> die geystlich straß bin ich genant
> Im leyden Christi wohl bekant . . . .,[1])

lehrt dies. Es enthält siebenzehn Holzschnitte, Scenen vom Abschied Christi von seiner Mutter an, der er seine Leiden offenbart hat, bis zur Grablegung. Alle Bilder, die man sich als Reliefs zu denken hat, sind auf Pfeilern angebracht, die von einander verschieden verziert sind. Die vier Kreuztragungen darunter haben viel Ähnlichkeit mit den ersten vier Stationen Kraffts; dazu dieselbe Reihenfolge, dieselben Kompositionen, nur daß weniger Personen verwendet und diese in umgekehrter Anordnung gezeichnet sind. Wenn die Beweinung weniger an Kraffts Vorbild erinnert, so verlangt das letzte Bild, die Grablegung, entschieden die Holzschuhersche Gruppe (Tafel I. 2) als Vorlage. Der ganze Vorgang ist durch fünf Gestalten gegeben. Die beiden, welche Christus in das Grab legen wollen, sind in ähnlicher Haltung gezeichnet, auch hier in umgekehrter Anordnung. Hierin jedoch Originalzeichnungen oder Skizzen Kraffts, die der Zeichner benutzt habe, erkennen zu wollen, wie das Mayer in seinem Lexikon der Monogrammisten möchte, wäre wahrlich zu viel! Der Künstler der Holzschnitte konnte die Reliefs ja alle Tage vor Augen haben, nach ihnen skizziren und mit Abweichungen seine Holzschnitte anfertigen.

---

[1]) gedruckt und vollendet in der kayserlichen Reichsstadt Nürnberg durch Jobst Gutknecht 1521.

Das ganze Werk „Adam Krafft und seine Zeit“ wird im September des Jahres mit 48 beigefügten Lichtdruckbildern im Verlage der Besserschen Buchhandlung (W. Hertz) erscheinen.